ADE

Taschenbuch für Gemeinde- und Stadträte
in Baden-Württemberg

W0070197

Bibliografische Information Der Deutschen Bibliothek

Die Deutsche Bibliothek verzeichnet diese Publikation
in der Deutschen Nationalbibliografie; detaillierte
bibliografische Daten sind im Internet über
http://dnb.ddb.de abrufbar.

14. Auflage, 2009
ISBN 978-3-415-04204-9

© Richard Boorberg Verlag GmbH & Co KG, 1971
Scharrstraße 2
70563 Stuttgart
www.boorberg.de

Satz: Dörr + Schiller GmbH, Curiestr. 4, 70563 Stuttgart
Druck und Verarbeitung: fgb – freiburger graphische betriebe
GmbH & Co. KG, Bebelstraße 11, 79108 Freiburg

Taschenbuch
für Gemeinde- und Stadträte
in Baden-Württemberg

Grundwissen für kommunale Mandatsträger

von

Klaus Ade

Professor an der Hochschule für öffentliche Verwaltung
und Finanzen Ludwigsburg

14., aktualisierte Auflage, 2009

RICHARD BOORBERG VERLAG
Stuttgart · München · Hannover · Berlin · Weimar · Dresden

DAS GESETZ UND IHRE WAHL
SIND IHRE VOLLMACHT,
IHRE ÜBERZEUGUNG UND IHRE ANSICHT
VOM GEMEINEN BESTEN DER STADT
IHRE INSTRUKTION,
IHR GEWISSEN ABER DIE BEHÖRDE,
DER SIE RECHENSCHAFT ZU GEBEN HABEN.

Freiherr vom Stein

der Begründer der modernen deutschen
Selbstverwaltung in der Städteordnung von 1808
über die Stadtverordneten

Einführung

Die Gemeinden sind Grundlage und Glied des Staates. Ihnen kommt im Aufbau unserer Demokratie und innerhalb unseres öffentlichen Lebens eine besondere Bedeutung zu. Sie haben im Rahmen der kommunalen Selbstverwaltung für das Wohl ihrer Einwohner zu sorgen. Die Umsetzung dieser Aufgabe ist Inhalt der Kommunalpolitik.

Dem Gemeinderat und seinen Mitgliedern kommt dabei die verantwortungsvolle Aufgabe zu, die Kommunalpolitik der Gemeinde zu bestimmen und zu tragen. Den in 1101 Städten und Gemeinden tätigen Gemeinderäten – über 17 000 – kommt damit eine große Verantwortung zu. Ihrem Auftrag, das Wohl der Einwohner zu fördern, können sie nur gerecht werden, wenn sie die Aufgaben der Gemeinde, die Zuständigkeit des Gemeinderats sowie ihre gesetzlichen Rechte und Pflichten kennen. Mitglieder müssen mit der Form der Arbeit vertraut sein und die Regeln der Meinungsbildung innerhalb des Gemeinderats beherrschen.

Ziel des Taschenbuches ist es, den Gemeinderäten das dafür notwendige Rüstzeug an die Hand zu geben. Dabei beschränkt es sich nicht nur auf die gesetzlichen Grundlagen und die Hintergründe für die geltenden Regelungen. Es enthält auch wertvolle Hinweise und Anregungen aus den Erfahrungen der Praxis.

Das Taschenbuch gibt den aktuellen Stand der für die Gemeinden geltenden gesetzlichen Vorschriften wieder. Dies sind insbesondere

- die Gemeindeordnung für Baden-Württemberg in der Fassung vom 24. 7. 2000 (GBl. S. 581, ber. S. 698), zuletzt geändert durch Gesetz vom 4. Mai 2009 (GBl. S. 185),

- die Verordnung des Innenministeriums zur Durchführung der Gemeindeordnung (DVO GemO) vom 11. 12. 2000 (GBl. S. 2), geändert durch Gesetz vom 14. 10. 2008 (GBl. S. 313, 327),

- das Kommunalwahlgesetz (KomWG) in der Fassung vom 1. 9. 1983 (GBl. S. 429), zuletzt geändert durch Gesetz vom 18. 11. 2008 (GBl. S. 385),

- die Kommunalwahlordnung (KWO) in der Fassung vom 2. 9. 1983 (GBl. S. 459), zuletzt geändert durch Verordnung vom 25. 11. 2008 (GBl. S. 417),

- das Gesetz über kommunale Zusammenarbeit (GKZ) in der Fassung vom 16. 9. 1974 (GBl. S. 408 ber. 1975 S. 460, 1976 S. 408), zuletzt geändert durch Gesetz vom 4. Mai 2009 (GBl. S. 185, 192),

- das Kommunalabgabengesetz (KAG) vom 17. 3. 2005 (GBl. S. 206), geändert durch Gesetz vom 4. Mai 2009 (GBl. S. 185, 193),

- die Verordnung des Innenministeriums über die Haushaltswirtschaft der Gemeinden (Gemeindehaushaltsverordnung – GemHVO –) vom 7. 2. 1973 (GBl. S. 33), zuletzt geändert durch Verordnung vom 10. 7. 2001 (GBl. S. 466),

- das Gesetz über die Eigenbetriebe der Gemeinden (Eigenbetriebsgesetz) in der Fassung vom 8. 1. 1992 (GBl. S. 22), zuletzt geändert durch Gesetz vom 4. Mai 2009 (GBl. S. 185, 191).

Inhalt

1. Wesen der Gemeinde

1.1 Aufgaben der Gemeinde

Die Gemeinden haben den verfassungsrechtlichen Auftrag, das Wohl ihrer Einwohner zu fördern. Dieser Auftrag ist sehr allgemein gehalten und wird in zahlreichen gesetzlichen Regelungen präzisiert. Dabei ist bewusst davon abgesehen worden, das Aufgabenspektrum der Gemeinden abschließend zu beschreiben. Neuen Entwicklungen und veränderten Bedürfnissen könnte damit nicht angemessen Rechnung getragen werden. Die Kernanforderungen an das Verwaltungshandeln der Kommunen ergeben sich hauptsächlich aus sozialstaatlichen, ökonomischen, kulturellen, technischen und ökologischen Vorgaben. Das Aufgabenprofil der Kommunen lässt sich daher nicht nach einheitlichen Gesichtspunkten bestimmen. Jede Gemeinde hat für sich weitgehend eigenverantwortlich zu entscheiden, wie sie diese Kernanforderungen für ihre Einwohner umsetzen will.

Zu den wichtigsten Tätigkeitsfeldern zählen folgende Bereiche:

1. Kommunale Infrastruktur

Die Gemeinden haben die für das wirtschaftliche, soziale und kulturelle Leben erforderlichen öffentlichen Einrichtungen zu schaffen. Diese kommunale Infrastruktur dient der Grundversorgung der Einwohner und leistet auch für die Daseinsvorsorge einen fundamentalen Beitrag. Als Beispiele sind aufzuführen:

Schaffung, Betrieb und Unterhaltung von
- Versorgungs-, Entsorgungs-, und Verkehrseinrichtungen
- Sport, Erholungs- und Freizeiteinrichtungen
- Gesundheits- und soziale Einrichtungen
- Erziehungs- und Bildungseinrichtungen

2. Kommunale Planung

Das Recht zur gemeindlichen Planung wird durch verschiedene Planungsarten und -verfahren konkretisiert. Durch den

Erlass von **Bauleitplänen** kann die Gemeinde selbst bestimmen, ob und auf welche Weise Grund und Boden der Gemeinde für Wohnung, Gewerbe, Verkehr und sonstige Zwecke genutzt werden kann. Die geordnete städtebauliche Entwicklung soll danach durch den Flächennutzungsplan als vorbereitenden Bauleitplan und den Bebauungsplan als verbindlichen Bauleitplan geschaffen werden. Die Finanzierung der vielfältigen Aufgaben wird durch den **Haushaltsplan** gesichert. Daneben sind **Fachplanungen**, wie z.B. Verkehrsplanungen, Schulentwicklungsplanungen zu erstellen.

3. Kommunale Förderung

Die Gemeinden können sich nicht nur darauf beschränken, im Rahmen der Infrastruktur Einrichtungen zu schaffen und die kommunale Aufgabenerfüllung planerisch zu bewältigen. Sie haben daneben einen vielfältigen Förderungsauftrag, der vor allem jene Bereiche erfasst, bei denen es um die Aktivierung der örtlichen Bevölkerung in der Freizeit und im Wirtschaftssektor geht. Ein großer Komplex ist die Kulturförderung. Die Entwicklung des kulturellen Lebens hat einen dreifachen Auftrag. Sie soll die Kommunikation der Bevölkerung fördern, Entfaltungsspielraum nutzen und die Einwohner zur Reflexion herausfordern. Neben der Sportförderung gewinnt auch die Pflege von Städtepartnerschaften eine zunehmende Bedeutung. Auch ist weitgehend anerkannt, dass die lokale Wirtschaftsförderung eine zentrale Gemeindeaufgabe ist.

4. Kommunaler Umweltschutz

Mehr denn je sorgen sich die Kommunen um den Schutz der natürlichen Lebensgrundlagen. Dabei steht die Zukunftsvorsorge und die Verantwortung für die künftigen Generationen im Vordergrund. Durch umweltfreundliche Bauleitplanung, Aufstellung von Abfall- und Abwasserkonzepten, Energiewirtschaftskonzepten, Umweltberichten etc. können die Gemeinden zu einem verbesserten Umweltschutz beitragen. Die den Stadtkreisen im Rahmen der Verwaltungsstrukturreform neu übertragenen Aufgaben, z.B. im Bereich Wasser-

schutz oder Straßenbauverwaltung, fallen als Weisungsaufgaben in den ausschließlichen Zuständigkeitsbereich des Bürgermeisters.

5. Kommunale Sozialaufgaben

Im Sozialstaat sind auch die Gemeinden dazu aufgerufen,
soziale Gerechtigkeit und soziale Sicherheit zu verwirklichen.
Gemeinden haben daher im Rahmen ihrer Zuständigkeiten
die erforderlichen Einrichtungen und Dienste zur Verfügung
zu stellen und entsprechende Aufklärung und Beratungska-
pazitäten bereitzuhalten. Wichtigste Aufgabe ist sicherlich
die Sozialhilfe, die von den Landkreisen übernommen wird.

Neben dem Auftrag zur Förderung des Wohls der Einwohner
haben die Gemeinden weitere Aufgaben zu erledigen, die ihnen
von Bund oder Land zugewiesen worden sind. Die Gemeinden
haben danach z.B. Personalausweise auszustellen, Standes-
amts- und Polizeiaufgaben wahrzunehmen. Insoweit sind sie als
Träger der Hoheitsgewalt und nicht als Selbstverwaltungsträger
tätig.

Diese Doppelstellung führt dazu, dass im Hinblick auf die Ein-
flussnahme des Landes und die Zuständigkeiten des Gemeinderats drei Aufgabenarten unterschieden werden. Folgende Merk-
male sind dafür maßgebend:

a) Freiwillige Aufgaben

Die Gemeinde bestimmt selbst, ob und wie sie diese Aufgaben
übernehmen und erfüllen will. Dabei unterliegt sie nur einer auf
die Rechtmäßigkeit beschränkten staatlichen Aufsicht. Die
Zuständigkeit liegt grundsätzlich beim Gemeinderat.

Beispiele: Kulturelle und sportliche Aktivitäten, Freizeit- und Erho-
lungsbereich, Einrichtungen der Versorgung (Energie, Wasser).

b) Weisungsfreie Pflichtaufgaben

Den Gemeinden wird durch Gesetz (Bund/Land) die Pflicht auferlegt, bestimmte Aufgaben wahrzunehmen. Sie können dabei
nicht mehr selbst entscheiden, ob sie diese Aufgaben erfüllen,

sondern lediglich, in welcher Weise dies geschehen soll. Auch auf diesem Gebiet besteht nur eine Rechtsaufsicht des Staates. Die Zuständigkeit liegt grundsätzlich beim Gemeinderat.

Beispiele: Bauleitplanung, Straßenbaulast, Friedhöfe, Abwasserbeseitigung, Schulen, Kinderbetreuungseinrichtungen.

c) **Weisungsaufgaben**

(Pflichtaufgaben zur Erfüllung nach Weisung)

Hier ist den Gemeinden sowohl das „Ob" als auch das „Wie" der Aufgabenerfüllung von Bund und Land vorgeschrieben. Die staatliche Aufsicht geht über eine Rechtsaufsicht hinaus. Die Aufsichtsbehörden können den Gemeinden allgemein oder im Einzelfall auch Weisungen zur Zweckmäßigkeit der Aufgabenerledigung erteilen. Zuständig für deren Erledigung ist der Bürgermeister.

Beispiele: Polizeiaufgaben, Meldewesen, Gewerberecht, Baurecht, Standesamt, Natur- und Umweltschutzrecht.

1.2 Struktur der Gemeindeorgane

Gemeinden sind juristische Personen, die nur durch ihre beiden Organe – Gemeinderat und Bürgermeister – handeln können. Die Kommunalverfassung in Baden-Württemberg ist durch die Unabhängigkeit und gesonderte Volkswahl ihrer beiden Organe geprägt.

Verhältnis zwischen Gemeinderat und Bürgermeister

Der Gemeinderat ist kein Parlament wie Bundestag und Landtag, sondern ein Organ der Verwaltung der Gemeinde. Die für Parlamente geltenden Gesichtspunkte hinsichtlich Regierung und Opposition sind deshalb nicht auf die Gemeinden übertragbar. Die Verwaltung der Gemeinde und die Kommunalpolitik sind wesentlich auf das Zusammenwirken der beiden Organe Gemeinderat und Bürgermeister angewiesen.

Beide Organe sind selbstständig und haben ihren eigenverantwortlichen, grundsätzlich voneinander unabhängigen Funktionsbereich. Es besteht zwischen ihnen kein Über- oder Unterordnungsverhältnis. Die Zuständigkeiten greifen ineinander über. Dadurch entsteht eine enge Verzahnung mit Wechselwirkungen in beiden Richtungen. Diese bergen nicht nur fruchtbare Impulse in sich, sondern sind auch geeignet, Spannungen und Konfliktsituationen hervorzurufen, die es in gemeinsamer Verantwortung und gegenseitigem Vertrauen zu bewältigen gilt. Kommunalpolitik zeichnet sich durch eine Zusammenarbeit ihrer Träger auf der Grundlage der Toleranz und der Fairness aus. Dies prägt auch ihren eigenen politischen Stil, ihr Niveau und die Arbeitsatmosphäre.

Gemeinderat

Der Gemeinderat ist das Hauptorgan der Gemeinde und die Vertretung der Bürger. Er besteht aus dem Bürgermeister als Vorsitzenden und den ehrenamtlichen Mitgliedern.

Die Aufgaben- und Kompetenzverteilung ergibt sich aus der Gemeindeordnung, sonstigen Bundes- und Landesgesetzen sowie aus der Hauptsatzung, die vom Gemeinderat selbst erlassen wird.

Der Funktionsbereich des Gemeinderats umfasst dabei
- die **politische Vertretung der Bürgerschaft** nach dem Prinzip der repräsentativen Demokratie (Art. 28 Grundgesetz);
- die **Grundsatzkompetenz.** Dem Gemeinderat steht die kommunalpolitische Führung in der Gemeinde zu. Er bestimmt die Richtlinien für die Verwaltung der Gemeinde, an die der Bürgermeister und die Gemeindeverwaltung gebunden sind;
- alle **Entscheidungen,** soweit nicht nach gesetzlichen Vorschriften oder der Hauptsatzung der Bürgermeister zuständig ist. Ist es im Einzelfall zweifelhaft, wer zuständig ist, besteht eine Zuständigkeitsvermutung zugunsten des Gemeinderats.

Diese grundsätzlich umfassende Zuständigkeit des Gemeinderats wird eingeschränkt, durch
- gesetzlich bestimmte Zuständigkeiten, die unmittelbar dem Bürgermeister übertragen sind, z. B. Weisungsaufgaben und Geschäfte

15

der laufenden Verwaltung. Diese Zuständigkeiten kann der Gemeinderat nicht ändern und er kann nicht in die Zuständigkeit des Bürgermeisters eingreifen;

- bestimmte Personalentscheidungen, wie die Einstellung, die Ernennung, die Festsetzung der Vergütung und die Entlassung von Gemeindebediensteten, bei denen das Einvernehmen des Bürgermeisters erforderlich ist (§ 24 Gemeindeordnung). Dieses kann nur durch eine Zweidrittel-Mehrheit des Gemeinderats ersetzt werden.

- die **Kontrolle der Gemeindeverwaltung.** Der Gemeinderat hat den Vollzug seiner Beschlüsse zu überwachen. Wenn Missstände in der Verwaltung der Gemeinde auftreten, hat der Gemeinderat dafür zu sorgen, dass sie beseitigt werden.

Der Gemeinderat kann sich von Aufgaben entlasten, indem er Zuständigkeiten auf Ausschüsse oder den Bürgermeister überträgt. Dies gilt nicht für wichtige Zuständigkeiten, die in § 39 Abs. 2 Gemeindeordnung abschließend aufgeführt sind. Die Übertragung muss in der Hauptsatzung erfolgen, wenn sie zeitlich unbefristet sein soll; Übertragungen im Einzelfall können durch einfachen Gemeinderatsbeschluss entschieden werden.

Zu den **wichtigsten Aufgabengebieten** des Gemeinderats zählen folgende Bereiche:

- **das Satzungsrecht**
  Die Gemeinde kann für ihren Wirkungsbereich Satzungen erlassen; diese stellen Ortsrecht dar und sind materielle Gesetze wie Bundes- und Landesgesetze und -verordnungen. Sie haben lediglich einen örtlich beschränkten Geltungsbereich. Sie werden vom Gemeinderat beschlossen und sind öffentlich bekannt zu machen. Teils sind die Gemeinden zum Erlass von Satzungen verpflichtet, z. B. Satzung über öffentliche Bekanntmachungen und Haushaltssatzung; im Übrigen steht ihr Erlass und deren Inhalt im Ermessen der Gemeinde. Die wichtigsten Bereiche, in denen Satzungen erlassen werden, sind die Gemeindeverfassung (Hauptsatzung, Bekanntmachungssatzung), öffentliche Einrichtungen (Wasser-, Abwassersatzung usw., Anschluss- und Benutzungszwang),

Bauplanung (Bebauungspläne) und Abgaben (Beiträge, Benutzungsgebühren, Verwaltungsgebühren).

– **das Etatrecht**
Der Haushaltsplan wird als Teil der Haushaltssatzung vom Gemeinderat beschlossen. Die Befugnis zur Verfügung über die Haushaltsmittel (Bewirtschaftungsbefugnis) steht dem Gemeinderat zu, soweit sie nicht auf den Bürgermeister übertragen ist oder es sich um Geschäfte der laufenden Verwaltung handelt.

– **die Planungshoheit**
Darunter fallen sowohl die Grundsatzplanungen, z.B. Gemeindeentwicklungsplanung, Flächennutzungsplanung, als auch die Fachplanung, z.B. Bebauungsplanung, Finanzplanung, Landschaftsplanung, und die Ausführungsplanungen.

– **die Personalhoheit**
Die Gemeinde hat die zur Erfüllung ihrer Aufgaben erforderlichen und geeigneten Bediensteten einzustellen. Der Gemeinderat ist die für die Einstellung, Beförderung und Entlassung zuständige Stelle, soweit er diese Zuständigkeit nicht auf Ausschüsse oder den Bürgermeister übertragen hat oder es sich nicht um Geschäfte der laufenden Verwaltung handelt. Die Personalwirtschaft richtet sich nach dem Stellenplan, der Teil des Haushaltsplans ist.

Bürgermeister

Der Bürgermeister ist Mitglied und Vorsitzender des Gemeinderats, Leiter der Gemeindeverwaltung und gesetzlicher Vertreter der Gemeinde.

Seine **Stellung im Gemeinderat** umfasst folgende Funktionsbereiche:

– **Vorsitz** im Gemeinderat und seinen Ausschüssen
Der Bürgermeister ist vollberechtigtes, jedoch nicht bevorrechtigtes Mitglied des Gemeinderats. Ihm kommen die Vor

17

bereitung der Sitzungen, die Einberufung, die Leitung, der Sachvortrag und die Handhabung der Ordnung zu.

– **Widerspruchsbefugnis** gegen Beschlüsse des Gemeinderats und seiner Ausschüsse
Der Bürgermeister kann an Stelle des Gemeinderats Beschlüsse fassen. Gesetzwidrigen Beschlüssen muss, nachteiligen Beschlüssen kann der Bürgermeister widersprechen. Der Widerspruch muss binnen einer Woche dem Gemeinderat bzw. dem Ausschuss gegenüber erklärt werden. Beim Widerspruch gegen einen Ausschussbeschluss geht die Entscheidung auf den Gemeinderat über. Gleichzeitig ist eine neue Sitzung einzuberufen, die spätestens drei Wochen nach der ersten Sitzung stattfinden muss. Verbleibt bei gesetzwidrigen Beschlüssen der Gemeinderat bei seiner Auffassung, so hat der Bürgermeister eine Entscheidung der Rechtsaufsichtsbehörde herbeizuführen. Nachteilige Beschlüsse muss der Bürgermeister jedoch vollziehen, wenn sie vom Gemeinderat in der zweiten Sitzung bestätigt werden.

– **Eilentscheidungsrecht**
Sind Entscheidungen dringlich, so dass sie nicht bis zu einer Sitzung des Gemeinderats aufgeschoben werden können, steht dem Bürgermeister das Eilentscheidungsrecht zu. Die Eilentscheidung ist dem Gemeinderat bzw. dem Ausschuss unverzüglich bekannt zu geben.

– **Ersatzbeschlussrecht**
Ist der Gemeinderat wegen Befangenheit oder mangelnder Teilnahme der Gemeinderäte auch in einer erforderlichen zweiten Sitzung beschlussunfähig, kann der Bürgermeister an Stelle des Gemeinderats die Entscheidung selbst treffen. Vor seiner Entscheidung hat der Bürgermeister die nichtbefangenen Gemeinderäte anzuhören;

– **Mitwirkung bei Personalentscheidungen**
Personalrechtliche Entscheidungen fallen in den Zuständigkeitsbereich des Gemeinderats. Gefasste Beschlüsse werden

erst wirksam, wenn ergänzend der Bürgermeister sein Einvernehmen erteilt hat.

Als **Leiter der Gemeindeverwaltung** besitzt der Bürgermeister folgende Zuständigkeiten:

– Erledigung der **Geschäfte der laufenden Verwaltung,** d. h. solche Geschäfte, die mit einer gewissen Regelmäßigkeit wiederkehren und weder von der grundsätzlichen noch von der finanziellen Seite her für die Gemeinde erheblich sind, z. B. Beschaffung von Büromaterial, Heizöl.

– Erledigung der **Weisungsaufgaben** (vgl. Abschnitt 1.1), soweit nicht ausdrücklich durch Gesetz der Gemeinderat für zuständig erklärt ist.

– **Organisationsrecht** für den inneren Aufbau der Verwaltung und die Gestaltung der Arbeitsabläufe durch allgemeine Dienstanweisungen, Einzelweisungen, Regelung des Dienstverkehrs usw. im Rahmen des Haushaltsplans und des Stellenplans.

– **Vollzug der Beschlüsse** des Gemeinderats und seiner Ausschüsse; dabei wird der Bürgermeister von den Beigeordneten in ihrem Geschäftskreis und von den Ortsvorstehern hinsichtlich der Beschlüsse des Ortschaftsrats ständig vertreten.

– **Befugnisse des Vorgesetzen,** des **Dienstvorgesetzten** und der **obersten Dienstbehörde** gegenüber den Gemeindebediensteten.

– **Erledigungskompetenz** für die ihm vom Gemeinderat durch die Hauptsatzung oder durch Gemeinderatsbeschluss **übertragenen Zuständigkeiten.**

Um diese Fülle von Aufgaben erledigen zu können, sind dem Bürgermeister die erforderlichen Verwaltungseinrichtungen und das notwendige Personal zur Verfügung zu stellen. Die Organisation der Gemeindeverwaltung ist Sache des Bürgermeisters als Leiter der Gemeindeverwaltung unter Bindung an die vom Gemeinderat beschlossenen Grundsätze (Haushaltsplan, Stellenplan usw.). Für die **Beamten** der Gemeinde gilt das

Beamtenrecht des Bundes und des Landes einschließlich des Besoldungsrechts; die Zahl der Beamten bestimmt die Gemeinde selbst, die Obergrenze für deren Einstufung ist durch die Stellenobergrenzenverordnung festgelegt. Für die **Wahl- und Zeitbeamten** (Bürgermeister, Beigeordnete, Ortsvorsteher) gelten besondere Regelungen. Bei Gemeinden, die Mitglied des Kommunalen Arbeitgeberverbands (KAV) sind, gelten für die Beschäftigten die von diesen vereinbarten Tarifverträge (Tarifvertrag für den öffentlichen Dienst – TVöD), insbesondere die darin festgelegten Tätigkeits- und Beschäftigungsmerkmale für die Vergütung. Im Übrigen sind die Gemeinden bei der Einstellung und Beschäftigung ihrer Mitarbeiter frei.

Zahl, Art und Bewertung der Beamtenstellen und der nicht nur vorübergehend beschäftigten Bediensteten sind im **Stellenplan** zu bestimmen. Der Stellenplan ist Teil des Haushaltsplans.

Beigeordnete sind in Gemeinden ab 10 000 Einwohner zulässig und bei Stadtkreisen zwingend vorgeschrieben. Diese sind Stellvertreter des Bürgermeisters, sie werden vom Gemeinderat auf jeweils acht Jahre gewählt und haben einen zugewiesenen Geschäftskreis. Die Zahl der Beigeordneten bestimmt der Gemeinderat in der Hauptsatzung.

1.3 Aufsicht

Die Gemeinden unterstehen der Aufsicht des Staates, und zwar im Bereich der freiwilligen Aufgaben und der weisungsfreien Pflichtaufgaben (vgl. Abschnitt 1.1) der **Rechtsaufsicht**, im Bereich weisungsgebundener Pflichtaufgaben der **Fachaufsicht**. Die Aufsicht ist so auszuüben, dass die Entschlusskraft und die Verantwortungsfreudigkeit der Gemeinde nicht beeinträchtigt werden. Die Aufsichtsbehörden entscheiden nach ihrem Ermessen, ob sie eingreifen und mit welchen Mitteln sie dies tun. Die Rechtsaufsicht beschränkt sich darauf, die Gemeinden zu überwachen, ob sie die gesetzlichen Vorschriften einhalten. Die Fachaufsicht geht darüber hinaus und umfasst außer der Rechtmäßigkeitskontrolle auch eine Zweckmäßigkeitskontrolle, wobei die Aufsichtsbehörde auch in das Ermessen der Gemeinde eingreifen und der Gemeinde Weisungen erteilen kann.

Die Mittel der Aufsicht sind gesetzlich bestimmt (§§ 120 ff. Gemeindeordnung).

– das Recht auf **Information**;
– die **Beanstandung** von Beschlüssen und Anordnungen der Organe der Gemeinde (Gemeinderat, Ausschüsse, Bürgermeister);
– das **Anordnungsrecht**;
– die **Ersatzvornahme,** also die Durchführung von Handlungen an Stelle der Gemeinde;
– die **Bestellung eines Beauftragten,** der an Stelle der gemeindlichen Organe handelt.

Außer diesen Befugnissen sind den Aufsichtsbehörden Mitwirkungsrechte eingeräumt:

– Genehmigungs- und Vorlagepflichten.
– Ansprüche der Gemeinde gegen den Bürgermeister und gegen Gemeinderäte werden von der Rechtsaufsichtsbehörde geltend gemacht.
– Eine Zwangsvollstreckung gegen die Gemeinde bedarf der Zulassung durch die Rechtsaufsichtsbehörde.
– Die Amtszeit des Bürgermeisters kann – wenn er den Anforderungen seines Amtes nicht mehr gewachsen ist – vorzeitig beendet werden.
– Die Haushalts-, Kassen- und Rechnungsführung wird durch die Aufsichtsbehörde oder die Gemeindeprüfungsanstalt geprüft.

Die Rechtsaufsichtsbehörde ist für die kreisangehörigen Gemeinden das Landratsamt, für die Großen Kreisstädte und die Stadtkreise das Regierungspräsidium; obere Rechtsaufsichtsbehörde ist das Regierungspräsidium, oberste das Innenministerium. Die Fachaufsichtsbehörden sind jeweils einzelgesetzlich bestimmt.

2. Gemeinderäte*

2.1 Rechtsstellung

Die Gemeinderäte sind keine Bediensteten der Gemeinde, sie sind ehrenamtlich tätig. Für sie gilt deshalb keine „Gehorsamspflicht", es besteht keine Dienstaufsicht durch den Bürgermeister, und sie unterliegen nicht dem Dienststrafrecht wie die Beamten. Gemeinderäte gelten jedoch als Amtsträger im Sinne des Strafrechts (§ 11 Strafgesetzbuch) und als Beamte im Sinne des Haftungsrechts (Art. 34 Grundgesetz, § 839 Bürgerliches Gesetzbuch).

Gemeinderäte werden nicht wie Beamte vereidigt, sondern vom Bürgermeister in der ersten Sitzung des neugewählten Gemeinderats öffentlich auf die gewissenhafte Erfüllung ihrer Amtspflichten verpflichtet. Eine Form ist dafür in der Gemeindeordnung nicht vorgeschrieben, sie geschieht regelmäßig nach einer Unterrichtung über die Rechte und Pflichten eines Gemeinderats durch Handschlag. Es wird folgende Verpflichtungsformel empfohlen:

„Ich gelobe Treue der Verfassung, Gehorsam den Gesetzen und gewissenhafte Erfüllung meiner Pflichten. Insbesondere gelobe ich, die Rechte der Gemeinde gewissenhaft zu wahren und ihr Wohl und das ihrer Einwohner nach Kräften zu fördern."

Die Verpflichtung ist nach jeder Wiederwahl zu wiederholen. Weigert sich ein Gemeinderat, so kann er durch Beschluss des Gemeinderats mit Ordnungsgeld belegt werden.

Amtszeit

Die Amtszeit der Gemeinderäte beträgt fünf Jahre (§ 30 Gemeindeordnung). Sie kann kürzer sein,

---

* In Städten führen die ehrenamtlichen Mitglieder des Gemeinderats die Bezeichnung „Stadtrat", unter „Gemeinderäten" werden nachstehend auch „Stadträte" verstanden.

- bei Neuwahlen nach einer Vereinigung oder Neubildung von Gemeinden,
- für Gemeinderäte, die als Ersatzperson in das Gremium nachgerückt sind,
- bei Ergänzungswahlen und Wahlanfechtungen.

Die Amtszeit der neu- und wieder gewählten Gemeinderäte beginnt, wenn die Überprüfung der Wahl durch die Wahlprüfungsbehörde ohne Beanstandungen abgeschlossen wurde. Eine Wahlanfechtung durch Mitbewerber oder Wahlberechtigte hindert nicht den Amtsantritt, sofern die Gültigkeit der Wahl durch die Wahlprüfungsbehörde festgestellt wurde. Der Bürgermeister hat unverzüglich nach diesem Zeitpunkt zur ersten Gemeinderatssitzung einzuladen. Bis zum Zusammentritt des neuen Gemeinderates führt der Gemeinderat in seiner bisherigen Zusammensetzung die Geschäfte weiter.

Die Amtszeit endet mit Ablauf des Monats, in dem die regelmäßige Wahl zum Gemeinderat stattfindet.

Eine Selbstauflösung des Gemeinderats ist unzulässig, eine Abwahl durch die Bürger und eine Auflösung des Gemeinderats durch die Rechtsaufsichtsbehörde sind in der Gemeindeordnung nicht vorgesehen.

Ausscheiden aus dem Gemeinderat

Einzelne Gemeinderäte scheiden (außer durch Ablauf der Amtszeit oder durch Tod) in folgenden Fällen aus dem Gemeinderat aus:

- bei **Verlust der Wählbarkeit** (vgl. Abschnitt 3.3);
- durch Eintritt eines **Hinderungsgrundes** (vgl. Abschnitt 3.4);
- wenn nachträglich festgestellt wird, dass der Gemeinderat **nicht wählbar** war (§ 32 Kommunalwahlgesetz);
- durch **Verbot einer Partei,** wenn dabei gleichzeitig der Verlust der Mandate ausgesprochen wird;

23

- bei **Eingliederung** eines Gemeindegebietsteils in eine andere Gemeinde, wenn der Gemeinderat in diesem wohnt, oder bei Eingliederung der ganzen Gemeinde in eine andere Gemeinde, wenn nicht nach § 9 Gemeindeordnung seine Zuwahl zu dem Gemeinderat der neuen Gemeinde erfolgt;
- auf **Antrag**, wenn ein **wichtiger Grund** vorliegt. Die Übernahme eines Gemeinderatsmandats enthält auch die Verpflichtung, dieses Amt auszuüben. Ein Ausscheiden ist nur aus wichtigem Grund möglich. Ob ein wichtiger Grund vorliegt, entscheidet der Gemeinderat. Er ist dabei in seiner Beurteilung nicht frei. § 16 Gemeindeordnung enthält eine beispielhafte Aufzählung der maßgebenden Gründe. Sonstige Gründe für ein Ausscheiden aus dem Gemeinderat müssen sich daran messen lassen. Der Antrag eines Gemeinderats kann formlos gestellt werden. Dem Gemeinderat, der ohne wichtigen Grund an den Sitzungen des Gemeinderats nicht mehr teilnimmt, kann ein Ordnungsgeld auferlegt werden.

Ein **wichtiger Grund** für sein Ausscheiden liegt insbesondere dann vor, wenn der Gemeinderat

- ein geistliches Amt in einer anerkannten Religionsgesellschaft verwaltet;
- ein öffentliches Amt bei Bund, Land, Kreis, Gemeinde oder einer anderen öffentlich-rechtlichen Körperschaft z.B. Kirche oder Sparkasse, verwaltet und die oberste Dienstbehörde feststellt, dass die Tätigkeit als Gemeinderat mit diesem Amt nicht zu vereinbaren ist;
- zehn Jahre dem Gemeinderat oder einem Ortschaftsrat angehört hat oder ein öffentliches Ehrenamt verwaltet hat, wobei mehrere solcher Ämter zusammenzurechnen sind;
- häufig oder langdauernd von der Gemeinde beruflich abwesend ist, z.B. als Handelsvertreter;
- anhaltend, nicht nur vorübergehend, krank ist;
- älter als 62 Jahre ist;

– durch die Ausübung der Tätigkeit als Gemeinderat in der Fürsorge für seine Familie erheblich behindert wird, z. B. bei großen Familien.

Scheidet ein Gemeinderat aus der Partei oder der Wählervereinigung aus, auf deren Wahlvorschlag er in den Gemeinderat gewählt wurde, führt dies nicht zum Verlust seines Gemeinderatsmandats. Allerdings gesteht ihm der Gesetzgeber zu, aus diesem Grund sein Ausscheiden zu verlangen. Der Gemeinderat muss dies als wichtigen Grund anerkennen.

Entschädigung

Gemeinderäte erhalten für ihre Tätigkeit keinen Lohn. Sie haben lediglich einen Anspruch auf Ersatz

– ihrer **Auslagen,** z. B. Fahrtkosten zu den Sitzungen, Bürobedarf, Porti, Telefongebühren, Zeitschriften, erhöhter persönlicher Bedarf an Kleidern, Haftungsrisiko;

– ihres **Verdienstausfalles,** z. B. Arbeitslohn, Minderung der Einnahmen bei selbstständiger oder nebenberuflicher Arbeit, Zeitversäumnis bei Personen, die keinen Verdienst haben und den Haushalt führen.

• **Formen der Entschädigung**

Die Entschädigung für Auslagen und den Verdienstausfall kann in unterschiedlicher Form gewährt werden:

– Die Entschädigung wird aufgrund von **Einzelnachweisen** festgesetzt. Die entstandenen Auslagen und der Verdienstausfall werden von Fall zu Fall abgerechnet und nachgewiesen. Für Personen ohne eigenen Verdienst, die den Haushalt führen, ist durch Satzung ein Stundensatz festzulegen.

– Es können **Durchschnittssätze** bestimmt werden, die den jeweiligen Zeitaufwand abgelten, z. B.

     bis zu 2 Stunden   20 €
     bis zu 4 Stunden   30 €

Ein Nachweis der tatsächlich angefallenen Auslagen und des Verdienstausfalles erübrigt sich. Mit dieser Pauschale sind alle Aufwendungen abgegolten.

– Die Gemeinde kann eine **Aufwandsentschädigung** vorsehen. Diese kann unterschiedlich ausgeprägt sein; als
 – monatlicher Pauschalbetrag,
 – monatlicher Grundbetrag und pauschales Sitzungsgeld.

Die Höhe der Pauschalen ist vom jeweiligen konkreten Zeitaufwand unabhängig. Neben einer Aufwandsentschädigung bestehen keine weiteren Ansprüche auf Kostenersatz.

Die in der Gemeinde festgelegte Entschädigungsform und die Höhe eventueller Pauschalsätze kann der Satzung über die Entschädigung ehrenamtlich Tätiger entnommen werden.

• **Entschädigung und Steuerpflicht**

Die an die Gemeinderäte ausbezahlten Entschädigungen unterliegen der Einkommensteuerpflicht. Sie sind zu versteuern, soweit sie die Höhe der mit der Gemeinderatsarbeit verbundenen Aufwendungen übersteigen. Die Finanzbehörden erkennen allgemein die folgenden Aufwendungen an:

1. Die Entschädigung für Gemeinderäte und Ortschaftsräte ist bis zu der nachfolgend angegebenen Höhe steuerfrei. Maßgebend sind dabei die Einwohnerzahlen der Gemeinde bzw. Ortschaft.

Gemeinden/Ortschaften mit	monatlich	jährlich
höchstens 50.000 Einwohnern	175 €	2.100 €
50.001 – 150.000 Einwohnern	204 €	2.448 €
150.001 – 450.000 Einwohnern	256 €	3.072 €
mehr als 450.000 Einwohnern	306 €	3.672 €

2. Für Fraktionsvorsitzende und Ortsvorsteher erhöhen sich die Beträge. Begünstigt sind Fraktionsvorsitzende, deren Fraktion mindestens zwei Mitglieder umfasst. Der Begriff „Fraktion" ist nicht von der in einer Geschäftsordnung des Gemeinderates festgelegten Mindestzahl abhängig. Ehrenamtliche Ortsvorsteher können in gleicher Höhe pauschalen Aufwand geltend machen.

Die Entschädigung ist bis zu folgender Höhe steuerfrei:

Gemeinden/Ortschaften bis	monatlich	jährlich
höchstens 20.000 Einwohnern	208 €	2.496 €
20.001 – 50.000 Einwohnern	332 €	3.984 €
50.001 – 150.000 Einwohnern	408 €	4.896 €
150.001 – 450.000 Einwohnern	512 €	6.144 €
mehr als 450.000 Einwohnern	612 €	7.344 €

Mit diesen Beträgen sind alle Aufwendungen abgegolten, die mit einer ehrenamtlichen Tätigkeit zusammenhängen. Ausgenommen sind lediglich Aufwendungen für Dienstreisen. Ein Gemeinderat kann jedoch auch über diese Betragsgrenzen hinaus Aufwendungen geltend machen, wenn er sie gegenüber dem Finanzamt glaubhaft machen bzw. nachweisen kann. Insoweit können die tatsächlich entstandenen höheren Aufwendungen berücksichtigt werden.

Nicht ausgeschöpfte Monatsbeträge können in anderen Monaten desselben Jahres nachgeholt werden. Der steuerfreie Jahresbetrag kann allerdings nur in voller Höhe angesetzt werden, wenn die Mitgliedschaft im Gemeinderat/Ortschaftsrat das ganze Jahr bestanden hat. Erstattet eine Gemeinde auch Fahrtkosten von der Wohnung zum Sitzungsort, wird dies als steuerfreie Aufwandsentschädigung anerkannt.

Entschädigungen, die an Gemeinderäte für ihre Tätigkeit in Organen wirtschaftlicher Unternehmen bezahlt werden, wie z.B. eine städtische GmbH, sind voll steuerpflichtig und zwar auch dann, wenn diese Vergütungen aufgrund eines Beschlusses des Gemeinderats an die Gemeinde abzuführen sind. Die abgeführten Beträge stellen dann Werbungskosten aus dieser Tätigkeit dar.

- **Reisekosten/Unfallfürsorge**

  Für dienstliche Reisen kann den Gemeinderäten durch eine Satzungsregelung außer der Entschädigung für Verdienstausfall und des Ersatzes der Auslagen noch Reisekostenerstattung gewährt werden. Zugrunde gelegt werden dabei die für die Beamten geltenden Reisekostenbestimmungen.

  Die Reisekosten setzen sich zusammen aus

  a) **Tagegeld** (neben dem Pauschalbetrag für Verdienstausfall)

  bei einer Dauer der Reise von mindestens

8 Stunden	6 €
14 Stunden	12 €
voller Kalendertag	24 €

  Bei unentgeltlicher Verpflegung von Amts wegen werden diese Sätze gekürzt.

  b) **Übernachtungsgeld**

  Bei auswärtiger Übernachtung wird ohne Nachweis ein Übernachtungsgeld von 20 € erstattet.

  Entstehen tatsächlich höhere Auslagen, können diese geltend gemacht werden.

  c) **Fahrtkostenentschädigung**

  Für mit öffentlichen, regelmäßig verkehrenden Beförderungsmitteln zurückgelegte Strecken werden die tatsächlich entstandenen Auslagen vergütet.

  Bei Benutzung privateigener Kraftfahrzeuge können ebenfalls die für Beamte geltenden Richtlinien zugrunde gelegt werden. Danach beträgt die Entschädigung je km bei

Benutzung von Kraftfahrzeugen mit einem Hubraum von mehr als 600 ccm 35 Cent, die Mitnahmevergütung je Person 5 Cent.

Der Gemeinderat kann jedoch auch abweichende Sätze festlegen.

d) Ersatz der **Nebenkosten**

Nebenkosten werden auf Nachweis getrennt und zusätzlich erstattet, z.B. Gepäckaufbewahrungskosten, Versicherung usw.

Gemeinderäte sind in der **Unfallfürsorge** bei Dienstunfällen den Beamten der Gemeinde gleichgestellt. Der Unfallschutz erstreckt sich sowohl auf Arbeits- (Dienst-)Unfälle bei einer dienstlichen Verrichtung (Sitzung, Dienstreise, Besichtigung) als auch auf Unfälle, die auf dem Weg zu oder von einer solchen dienstlichen Verrichtung sich ereignen (Wegunfälle).

Die Unfallversicherung erstattet den Schaden, der durch Tötung, Körperverletzung oder Beschädigung eines Körperersatzstückes entsteht. Schmerzensgelder werden nicht gewährt, Sachschäden und Verdienstausfälle werden nicht ersetzt. Als Leistungen werden bei Verletzungen Heilbehandlung, Berufshilfe und Verletztengeld gezahlt, bei tödlichen Verletzungen oder späterem Tod als Folge des Unfalls Sterbegeld, Witwenrente, Waisenrente, Witwerrente und Elternrente.

Der Gemeinde ist es freigestellt, darüber hinaus zusätzliche Unfallversicherungen für die Gemeinderäte abzuschließen.

Verantwortung und Haftung

Die Gemeinderäte haben für die von ihnen getroffenen Entscheidungen die Verantwortung zu tragen. Bei Beschlüssen, die rechtswidrig oder für die Gemeinde nachteilig sind, können die Gemeinderäte in Ausnahmefällen haftbar gemacht werden, wenn sie schuldhaft gehandelt haben. Dies gilt auch für die Tätigkeit von Gemeinderäten außerhalb von Sitzungen.

– Verletzt ein Gemeinderat seine Pflichten, so kann sich eine **privatrechtliche Haftung** auf Schadensersatz nach den Vorschriften des Bürgerlichen Gesetzbuches (§§ 823, 826) ergeben, wenn der Gemeinde oder einem Dritten ein Schaden an Leben, Körper, Gesundheit, Freiheit, Eigentum oder an einem sonstigen Recht entstanden ist. Eine solche Haftung kann z. B. durch die Verletzung der Verschwiegenheitspflicht ausgelöst werden. Soweit der Gemeinderat in Ausübung seines Amts tätig geworden ist, tritt bei der Haftung gegenüber Dritten grundsätzlich die Gemeinde an seine Stelle (§ 839 Bürgerliches Gesetzbuch, Art. 34 Grundgesetz).

– **Für strafrechtliche Handlungen** der Gemeinderäte gelten die Vorschriften des Strafgesetzbuches, nach denen für Amtsträger besondere oder strengere Straftatbestände vorgesehen sind, z. B. Bestechlichkeit, Rechtsbeugung, Urkundenfälschung, Falschbeurkundung, Verrat von Staatsgeheimnissen.

– Bei Verstößen gegen die in der Gemeindeordnung (§§ 16 und 17) aufgestellten Pflichten kann ein Ordnungsgeld verhängt werden. Pflichtverletzungen sind z. B. Verstöße gegen die Mitwirkungspflicht, die Verschwiegenheitspflicht und das Vertretungsverbot.

2.2 Rechte der Gemeinderäte

Einzelmitgliedschaftsrechte

Dem einzelnen Gemeinderat stehen aufgrund seiner Wahl folgende **Einzelmitgliedschaftsrechte** zu:

– **Recht auf Ausübung des Amtes.**
Niemand darf gehindert werden, das Amt eines Gemeinderats zu übernehmen und auszuüben. Eine Kündigung oder Entlassung aus einem Dienst- oder Arbeitsverhältnis, eine Versetzung an einen anderen Beschäftigungsort und jede sonstige berufliche Benachteiligung aus diesem Grunde ist unzulässig. Steht der Gemeinderat in einem Dienst- oder Arbeitsverhält-

nis, ist ihm vom Arbeitgeber die für seine Tätigkeit erforderliche freie Zeit zu gewähren.

– **Recht auf Mitwirkung** im Gemeinderat durch Einberufung zu den Sitzungen, Teilnahme an den Sitzungen, Worterteilung, Antragstellung und Stimmabgabe – soweit er nicht befangen ist – sowie auf die Abgabe von Erklärungen.

– **Fragerecht** gegenüber dem Bürgermeister in Angelegenheiten der Gemeinde.

– **Einsichtsrecht** in den Prüfungsbericht der überörtlichen Prüfung.

– **Recht auf Ersatz** der **Auslagen** und des **Verdienstausfalls** (vgl. Abschnitt 2.1).

– **Anspruch auf Unfallfürsorge** bei Unfällen in Ausübung des Amts als Gemeinderat (vgl. Abschnitt 2.1).

Minderheitenrechte

Gruppen von Gemeinderäten stehen folgende **Minderheitenrechte** zu:

– Recht auf **Einberufung** einer Gemeinderatssitzung und die Aufnahme einer Angelegenheit in die Tagesordnung sowie ein Auskunfts- und Akteneinsichtsrecht zugunsten eines Viertels der Gemeinderäte.

– Recht eines Viertels der Mitglieder eines beschließenden Ausschusses zur **Verweisung** einer Angelegenheit von besonderer Bedeutung für die Gemeinde aus dem Ausschuss in den Gemeinderat, wenn dies in der Hauptsatzung vorgesehen ist.

– Recht eines Fünftels der Mitglieder des Gemeinderates zur **Verweisung** einer Angelegenheit aus dem Gemeinderat an einen Ausschuss zur Vorberatung, wenn dies in der Hauptsatzung vorgesehen ist.

Die Einzelmitgliedschaftsrechte und die Gruppenrechte können von den betroffenen Gemeinderäten vor den Verwaltungsgerichten eingeklagt werden; auch eine Anrufung der Rechtsaufsichtsbehörde ist möglich.

2.3 Pflichten der Gemeinderäte

Allgemeine Treuepflicht

Die Gemeinderäte übernehmen mit ihrer Wahl bestimmte Pflichten. Als Grundpflicht gilt die allgemeine Treuepflicht. Die Gemeinderäte haben ihr Amt gewissenhaft und verantwortungsbewusst, uneigennützig und ordnungsmäßig wahrzunehmen und die Interessen der Gemeinde zu vertreten. Sie haben demnach alles zu unterlassen, was die Interessen oder die Belange der Gemeinde schädigen oder beeinträchtigen könnte.

Das Recht und die Pflicht, die Interessen der Gemeinde wahrzunehmen, üben die Gemeinderäte durch die Teilnahme an den Beratungen und den Beschlussfassungen aus. Die unmittelbare Beeinflussung der Gemeindeverwaltung steht ihnen nicht zu. Es widerspricht der Treuepflicht und den demokratischen Grundsätzen, wenn ein Mitglied des Gemeinderats einen ordnungsgemäß zustandegekommenen Gemeinderatsbeschluss in seinen Wirkungen zu vereiteln versucht.

Mitwirkungspflicht

Gemeinderäte unterliegen der Verpflichtung, den übernommenen Wählerauftrag auch tatsächlich zu erfüllen. Daraus resultiert die Teilnahme- und Mitwirkungspflicht an den Sitzungen und Verhandlungen des Gemeinderats. Es ist dem Gemeinderat deshalb nicht freigestellt, beliebig zu den Sitzungen zu erscheinen oder diese vorzeitig wieder zu verlassen. Ein Gemeinderat kann einer Sitzung nur fernbleiben, wenn er dafür einen ausreichenden Grund hat, z. B. Erkrankung, unaufschiebbare Reisen. Starke berufliche Inanspruchnahme ist im Allgemeinen kein ausreichender Grund. Gemeinderäte, die nicht oder nicht rechtzeitig zu den Sitzungen erscheinen können, sollten dies dem Vorsitzenden rechtzeitig mitteilen. Wiederholtes Fehlen ohne ausreichenden Grund ist eine Pflichtverletzung, die der Gemeinderat durch Ordnungsgeld ahnden kann.

Die Mitwirkungspflicht eines Gemeinderats geht über eine bloße Teilnahmepflicht hinaus. Gemeinderäte sind verpflichtet, nach bestem Wissen und Gewissen an den Beratungen und Beschlussfassungen des Gemeinderats mitzuwirken. Es ist die aktive Mitarbeit und der volle Einsatz des Könnens und Wissens einschließlich persönlicher Erfahrungen und besonderer Sachkunde zu fordern. Dazu zählt auch, notfalls Beschlüsse anzuregen oder vorzubereiten (vgl. Abschnitt 4.2 – Sach-, Geschäftsordnungsanträge) und in den Ausschüssen des Gemeinderats mitzuarbeiten (vgl. Abschnitt 5 – Ausschüsse).

Der Gemeinderat ist wie allgemein die öffentliche Verwaltung und jeder in ihr Tätige an die Gesetze gebunden. Die Gemeinderäte unterliegen ausdrücklich der Pflicht, die Gesetze zu beachten. Sie tragen daher die volle Verantwortung für rechtmäßiges Handeln. Ein Gemeinderat darf nicht für Anträge stimmen, von denen ihm bekannt ist, dass sie den Gesetzen widersprechen.

Steht dem Gemeinderat bei einer Entscheidung Ermessen zu, so darf dieses Ermessen nicht missbraucht werden. Es ist entsprechend dem Sinn und Zweck des Gesetzes auszuüben.

Gebot der freien Entscheidung

Bei allen Wahlen und Abstimmungen haben die Gemeinderäte im Rahmen der gesetzlichen Vorschriften nach ihrer freien, nur durch das öffentliche Wohl bestimmten Überzeugung zu entscheiden. An Verpflichtungen und Aufträge, die diese Freiheit der Abstimmung einschränken oder aufheben, sind sie nicht gebunden. Festlegungen vor der Wahl zum Gemeinderat sind nichtig, auch wenn sie in verbindlicher Form abgefasst sind. Nach diesem Grundsatz des **freien Mandats** sind Gemeinderäte – wie Bundestags- und Landtagsabgeordnete – Vertreter der ganzen Bevölkerung, auch wenn sie nur von bestimmten Kreisen oder Gruppen der Bürgerschaft in den Gemeinderat gewählt worden sind. Sie haben sich deshalb nicht für die Interessen einzelner Personen oder Gruppen einzusetzen, sondern für das Gemeinwohl. Fraktionszwang ist unzulässig.

Ein Gemeinderat scheidet nicht automatisch aus dem Gemeinderat und dessen Ausschüssen aus, wenn er aus einer Partei oder Wählervereinigung (Fraktion) ausscheidet. Er kann nicht zum Rücktritt gezwungen werden. Parteidisziplinäre Maßnahmen gegen Gemeinderäte, mit denen ein bestimmtes Abstimmungsverhalten geahndet werden soll, sind unzulässig.

Vertretungsverbot

Gemeinderäten ist es untersagt, Ansprüche oder Interessen anderer Personen gegen die Gemeinde geltend zu machen. Dies gilt nicht, wenn sie als deren gesetzliche Vertreter handeln. So darf z. B. ein Rechtsanwalt, Steuerberater oder Immobilienmakler nicht im Auftrag eines Mandanten gegenüber der Gemeinde tätig werden. Ein Gemeinderat ist aufgrund seiner Treuepflicht gehalten, die Interessen der Gemeinde zu vertreten und zu wahren. Er kann daher nicht gleichzeitig Interessen und Ansprüche Dritter vertreten, die gegen die Gemeinde gerichtet sind. Dieses Vertretungsverbot gilt für alle Aufgaben der Gemeinde, unabhängig davon, ob die Vertretung entgeltlich oder unentgeltlich, berufsmäßig oder aus Gefälligkeit, aufgrund förmlicher Vollmacht oder formlos, vor Gericht oder außergerichtlich erfolgt; dies gilt nicht für Sühneversuchs- und Bußgeldverfahren. Es fallen alle Ansprüche und Interessen dritter Personen darunter, die gegen die Gemeinde gerichtet sind. Damit sind nicht nur Ansprüche im rechtlichen Sinne gemeint, sondern Interessen aller Art, z. B. auch ideelle. Eigene Ansprüche oder Interessen darf ein Gemeinderat gegenüber der Gemeinde wahrnehmen.

Die **Geltendmachung** von Ansprüchen und Interessen gegen die Gemeinde ist verboten. Hierzu genügt schon ein Schreiben an die Gemeinde oder die Geltendmachung einer Forderung. Kein Verstoß gegen das Vertretungsverbot liegt vor, wenn ein Gemeinderat allgemeine Probleme oder Missstände in der Gemeinde aufgreift und gegenüber dem Gemeinderat oder dem Bürgermeister vorbringt.

Ob eine Vertretung nach diesen Vorschriften verboten ist, hat der Gemeinderat durch Beschluss zu entscheiden. Der betroffene Gemeinderat darf dabei weder bei der Beratung noch bei der Beschlussfassung mitwirken. Ihm ist jedoch Gelegenheit zu geben, vorher zu der Sache Stellung zu nehmen. Wenn die gesetzlichen Voraussetzungen vorliegen, muss der Gemeinderat ein Vertretungsverbot feststellen. Gegen den Beschluss des Gemeinderats, mit dem ein Vertretungsverbot festgestellt wurde, steht dem betroffenen Gemeinderat der Verwaltungsrechtsweg offen. Er kann auch die Rechtsaufsichtsbehörde anrufen.

Verschwiegenheitspflicht

Eng mit der allgemeinen Treuepflicht verbunden ist die Pflicht, in bestimmten Fällen Verschwiegenheit zu wahren. Diese dient

– dem **Schutz des Bürgers** und seiner persönlichen oder wirtschaftlichen Verhältnisse. Wer der Gemeinde eine private Sache anvertraut, muss sicher sein, dass seine Angaben vertraulich behandelt werden;

– dem **Schutz der Gemeinde.** Durch vorzeitiges Bekanntwerden vertraulicher Dinge kann der Gemeinde und damit dem öffentlichen Interesse Schaden zugefügt werden;

– dem **Schutz des einzelnen Gemeinderats** vor einer unbefugten Weitergabe seines Abstimmungsverhaltens oder von Meinungsäußerungen in nicht öffentlichen Sitzungen.

Gemeinderäte haben Verschwiegenheit zu bewahren über Angelegenheiten, bei denen die Geheimhaltung

– **gesetzlich vorgeschrieben** ist. Dies gilt insbesondere für alle steuerlichen Angelegenheiten, soweit sie eine Einzelperson betreffen, z. B. Erlass von Steuern, für alle nichtöffentlichen Sitzungen und statistische Einzelangaben.

– **besonders angeordnet** ist. Dies kann geschehen durch Gemeinderatsbeschluss, durch den Bürgermeister oder durch die Aufsichtsbehörde. Dazu genügen Vermerke wie z. B. „Vertraulich", „Geheim", „Nur für den Dienstgebrauch".

– aus der **Natur der Sache** erforderlich ist. Dazu zählen z.B.
  Personal- und Grundstücksangelegenheiten.

Wenn die Voraussetzungen für die Verschwiegenheit vorliegen,
ist die gesamte Angelegenheit geheim zu halten, also bei nichtöffentlichen Sitzungen der gesamte Verlauf der Beratung, die
Beschlussfassung und das Ergebnis. Nicht geheim zu halten sind
offenkundige Tatsachen, die der Allgemeinheit oder doch einem
größeren Personenkreis bereits ohnehin bekannt sind. Bedürfen
Informationen noch einer Bestätigung, ist jedoch Verschwiegenheit zu bewahren. Im Zweifel ist deshalb Verschwiegenheitspflicht anzunehmen. Die Verschwiegenheit ist gegenüber jedermann zu wahren, der nicht dienstlich mit der Angelegenheit
befasst ist. Bei nichtöffentlichen Sitzungen gilt sie gegenüber
allen Personen, die nicht an der Sitzung teilgenommen haben.
Die Verschwiegenheitspflicht ist von den Gemeinderäten auch
gegenüber den Familienangehörigen und Betroffenen zu beachten. Unter Gemeinderäten selbst besteht keine Verschwiegenheitspflicht (ausgenommen gegenüber befangenen Gemeinderäten). Bei Fraktionssitzungen ist die Verschwiegenheitspflicht zu
beachten, wenn daran Nichtgemeinderäte teilnehmen. Die Verschwiegenheitspflicht gestattet keine vertraulichen Mitteilun-
gen an Dritte, auch dann nicht, wenn diese eine vertrauliche
Behandlung zusichern. Selbst wenn ein anderer die Verschwiegenheitspflicht bricht, ist damit das Verbot noch nicht aufgehoben.

Es ist alles zu unterlassen, was die Geheimhaltung gefährden
könnte. Hierzu zählt neben der mündlichen Weitergabe auch der
Verlust vertraulicher Unterlagen und das Fertigen von Kopien
für nichtamtliche Zwecke. Die Verschwiegenheitspflicht ist
nicht nur eine Schweigepflicht. Verboten ist es auch, die erlang-
ten Kenntnisse unbefugt für sich oder andere zu verwerten, z.B.
durch vertrauliche Grundstückskaufgebote an die Gemeinde.

Die Verschwiegenheit ist solange zu wahren, als das zu schüt-
zende Interesse besteht. Sie dauert deshalb noch nach dem Ausscheiden aus dem Gemeinderat fort. Eine Verschwiegenheits-

pflicht entfällt, wenn eine Sache amtlich bekannt gemacht wird. Eine Mitteilung in der Presse allein entbindet noch nicht. Für die Fälle der Geheimhaltung, kraft besonderer Anordnung und für nichtöffentliche Sitzungen besteht solange Verschwiegenheit, bis sie der Bürgermeister ausdrücklich aufhebt. Aus der Natur der Sache geheim zu haltende Angelegenheiten sind solange verschwiegen zu behandeln, bis sich eindeutig der Wegfall der Pflicht ergibt, z.B. bei Personalangelegenheiten nach der endgültigen Entscheidung, wodurch zwar die Verschwiegenheit über das Ergebnis entfällt, jedoch nicht hinsichtlich des Verhandlungsverlaufs.

Bei gesetzwidrigen, insbesondere strafbaren Handlungen besteht keine Verschwiegenheitspflicht. Sie kann ferner durchbrochen werden zur Wahrung berechtigter Interessen (§ 193 Strafgesetzbuch). Dasselbe gilt bei Notstand oder Notwehr (§§ 32 bis 35 Strafgesetzbuch). Bei diesen seltenen Ausnahmefällen sind strenge Maßstäbe anzulegen. Mit Zustimmung des Betroffenen kann eine Verschwiegenheitspflicht nur dann gebrochen werden, wenn diese ausschließlich in dessen Interesse eingeräumt worden ist, z.B. bei statistischen Angaben. Zur Aussage vor Gerichten in Angelegenheiten, die der Verschwiegenheit unterliegen (§ 54 Strafprozessordnung, § 376 Zivilprozessordnung), bedarf ein Gemeinderat der Aussagegenehmigung durch Gemeinderatsbeschluss.

Wird die Verschwiegenheitspflicht verletzt, so kann der Gemeinderat ein Ordnungsgeld verhängen (vgl. Abschnitt 2.1 – Verantwortung und Haftung). Eine Verletzung ist, soweit Dienstgeheimnisse dadurch gefährdet werden, nach § 353 b Strafgesetzbuch strafbar. Darüber hinaus sind nach einzelgesetzlichen Vorschriften auch Geldbußen nach dem Ordnungswidrigkeitengesetz zulässig. Entsteht einem Dritten durch den Bruch der Verschwiegenheitspflicht ein Schaden, so kann dieser Schadensersatz verlangen (§§ 823, 826 Bürgerliches Gesetzbuch).

2.4 Mitwirkungsverbot bei Befangenheit

Gemeinderäte haben bei ihrer Tätigkeit die Belange und die Interessen der Gemeinde und des Allgemeinwohls zu vertreten. Da aber die Gemeinde- und die Allgemeininteressen nicht immer mit den privaten Interessen und Wünschen übereinstimmen, sind Interessenwiderstreite beim einzelnen Gemeinderat möglich. Um dies zu vermeiden, sachliche Entscheidungen zu sichern und die Gemeindeverwaltung von Sonderinteressen sauber zu halten, sind befangene Gemeinderäte von der Mitwirkung ausgeschlossen. Das Verbot gilt sowohl innerhalb wie auch außerhalb der Sitzungen.

Befangenheitsgründe

Ein Gemeinderat ist befangen und darf nicht mitwirken, wenn eine Angelegenheit ihm oder einer ihm verbundenen Person einen **unmittelbaren Vorteil oder Nachteil** bringen könnte. Der Vorteil oder Nachteil muss unmittelbar sein. Er muss nicht schon eingetreten sein oder tatsächlich eintreten, es genügt die bloße Möglichkeit. Vorteil in diesem Sinne ist **jede Vergünstigung oder Verbesserung** der rechtlichen, wirtschaftlichen oder sonstigen Lage. Nachteil ist demgegenüber jede Verschlechterung einer solchen Lage. Ein Vorteil oder Nachteil ist nicht mehr unmittelbar, wenn er sich nur zufällig und nicht unmittelbar aus der zu behandelnden Sache selbst ergibt. Welcher Art der Vorteil oder Nachteil ist, wie groß er sein könnte, ob er den Gemeindeinteressen zuwiderläuft und ob der Betroffene ihn überhaupt ausnutzen will, ist dabei unerheblich.

Befangenheit liegt vor, wenn der Vorteil oder Nachteil dem Gemeinderatsmitglied selbst oder folgenden Personen erwachsen kann:

1. **Ehegatten** oder dem Lebenspartner*, in gerader Linie oder in der Seitenlinie bis zum dritten Grad **verwandte Personen** in auf- und absteigender Linie. Zu letzteren zählen die Eltern,

---

* Lebenspartner im Sinne des § 1 Lebenspartnerschaftsgesetz.

Kinder, Großeltern, Enkel, Urgroßeltern, Urenkel, Geschwister, Onkel, Tanten, Neffen und Nichten (nicht dagegen Großonkel, Großtanten, Vettern und Basen) (vgl. auch die Schaubilder auf den folgenden Seiten).

2. In gerader Linie oder in der Seitenlinie in auf- oder absteigender Linie bis zum zweiten Grad **verschwägerte Personen**, solange die die Schwägerschaft begründende Ehe oder Lebenspartnerschaft* fortbesteht. Das sind: Schwiegersohn, Schwiegertochter, Schwiegereltern, Stiefeltern, Stiefkinder, Großeltern im Verhältnis zu den Ehegatten ihrer Enkel, etc. (vgl. Schaubild zur Schwägerschaft auf S. 41).

3. Die von dem Gemeinderatsmitglied **vertretenen** natürlichen und juristischen Personen. Darunter fällt sowohl die gesetzliche Vertretung als auch die Vertretung durch eine ausdrücklich oder stillschweigend erteilte Vollmacht. Gesetzliche Vertreter sind z. B. der Vater und die Mutter für das eheliche Kind, der Vormund für das Mündel und der Betreuer.

Ferner besteht eine gesetzliche Vertretung bei rechtsfähigen Vereinen durch den Vorstand, bei einer Aktiengesellschaft durch den Vorstand, bei einer Kommanditgesellschaft auf Aktien durch den persönlich haftenden Gesellschafter, bei einer Genossenschaft durch den Vorstand, bei einer Gesellschaft mit beschränkter Haftung durch den Geschäftsführer und bei Konkursverwaltern, Nachlassverwaltern, Zwangsverwaltern und Testamentvollstreckern innerhalb ihres Geschäftskreises. Eine Vollmachtsvertretung liegt vor beim Vorstand nichteingetragener Vereine.

4. Personen, zu denen der Gemeinderat in einem **Abhängigkeitsverhältnis** steht. Dies betrifft den Arbeitgeber des Gemeinderates, es sei denn, nach den tatsächlichen Umständen der Beschäftigung ist anzunehmen, dass sich der Gemeinderat deswegen nicht in einem Interessenwiderstreit befindet.

Befangenheit liegt **ferner** vor, wenn der Gemeinderat

1. **Gesellschafter** einer Handelsgesellschaft oder **Mitglied des Vorstands, des Aufsichtsrats oder eines gleichartigen Organs** eines rechtlich selbstständigen Unternehmens ist, denen die Angelegenheit einen unmittelbaren Vorteil oder Nachteil bringen kann. Betroffen sind insbesondere Genossenschaften, Aktiengesellschaften, Kommanditgesellschaften auf Aktien und Gesellschaften mit beschränkter Haftung. Dies gilt auch, wenn der Ehegatte, Lebenspartner oder Verwandte ersten Grades Gesellschafter oder Organmitglied ist. Befangenheit liegt nicht vor, wenn die Person dem Organ als Vertreter oder auf Vorschlag der Gemeinde angehört;

2. Mitglied eines **Organs einer Körperschaft** des öffentlichen Rechts ist, der die Angelegenheit einen unmittelbaren Vorteil oder Nachteil bringen kann. Zu solchen Körperschaften gehören z. B. Zweckverbände, Sozialversicherungsträger, Religionsgemeinschaften, berufsständische Einrichtungen wie Ärzte-, Zahnärzte-, Tierärzte-, Apotheker- und Architektenkammern, aber nicht Gebietskörperschaften. Kreistagsmitglieder sind daher bei der Behandlung von Kreisangelegenheiten im Gemeinderat nicht befangen. Es liegt jedoch keine Befangenheit vor, wenn der Gemeinderat diesen Organen als Vertreter oder auf Vorschlag der Gemeinde angehört, z. B. als Vertreter in der Verbandsversammlung eines Gemeindeverwaltungsverbandes, dem die Gemeinde angehört;

3. in der Angelegenheit in anderer als öffentlicher Eigenschaft ein **Gutachten** abgegeben hat oder sonst tätig geworden ist. Es ist dabei unerheblich, ob das Gutachten oder die sonstige Tätigkeit entgeltlich oder unentgeltlich, vor Gericht oder außergerichtlich erstattet bzw. ausgeübt wurde. Darunter fallen insbesondere Rechtsanwälte, Steuerberater, Grundstücksmakler u. Ä. Bei diesem Tatbestand wird ein unmittelbarer Vor- oder Nachteil nicht vorausgesetzt.

Verwandtschaft

Verwandte bis zum dritten Grade

Verwandtschaft besteht zwischen Personen, die durch Abstammung miteinander verbunden sind. Der Grad der Verwandtschaft bestimmt sich nach der Zahl der sie vermittelnden Geburten.

Verwandte in gerader Linie sind Personen, die voneinander abstammen.

Verwandte in der Seitenlinie sind Personen, die von derselben dritten Person abstammen.

Schwägerschaft

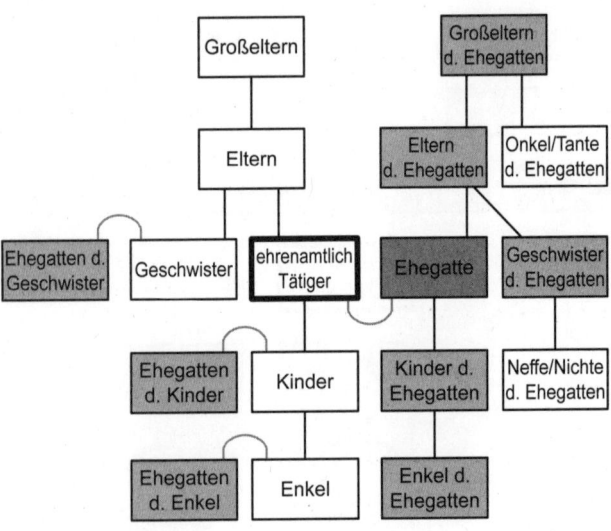

Verschwägert bis zum zweiten Grade, soweit die die Schwägerschaft begründende Ehe besteht

Schwägerschaft ist das Verhältnis eines Ehegatten zu den Verwandten des anderen Ehegatten. Der Grad der Schwägerschaft bestimmt sich nach dem Grad der sie vermittelnden Verwandtschaft (§ 1590 Bürgerliches Gesetzbuch). Zwischen den Verwandten des einen Ehegatten und den Verwandten des anderen Ehegatten besteht keine Schwägerschaft.

Ausnahmen

Keine Befangenheit liegt vor, wenn lediglich die gemeinsamen Interessen einer **Berufs- oder Bevölkerungsgruppe** berührt sind. Ansonsten könnte allzu leicht die Arbeit des Gemeinderats lahm gelegt werden. Diese Ausnahme setzt voraus, dass die Berufs- oder Bevölkerungsgruppe nicht nur aus wenigen Personen besteht. Gruppeninteressen, die keine Befangenheit auslösen, liegen z. B. vor bei Einwohnern eines Wohnbezirks, Abnehmern von Wasser, Grundsteuerpflichtigen, Gewerbesteuerpflichtigen. Dagegen kann von einem Gruppeninteresse nicht mehr gesprochen werden bei einer Erbengemeinschaft. Grundstückseigentümer im Geltungsbereich eines Bebauungsplans gelten zwar als Bevölkerungsgruppe, sie verfolgen jedoch i. d. R. keine gemeinsamen Interessen. Bei der Beratung des Bebauungsplanes sind die Grundstückseigentümer befangen.

Die Befangenheitsvorschriften gelten nicht für Wahlen zu einer ehrenamtlichen Tätigkeit, wie z. B. bei der Bildung von Ausschüssen, die Wahl zum Stellvertreter des Bürgermeisters, zum Ortsvorsteher, zum Vertreter der Gemeinde in Zweckverbänden etc.

Verfahren

Wer befangen ist, hat dies rechtzeitig vor der Beratung und Beschlussfassung dem Vorsitzenden **mitzuteilen**. Ist es zweifelhaft, ob die Voraussetzungen für das Mitwirkungsverbot bei Befangenheit vorliegen, entscheidet der Gemeinderat. Der betroffene Gemeinderat darf bei diesem Beschluss selbst nicht mitwirken. Wenn die gesetzlich genannten Voraussetzungen für das Mitwirkungsverbot vorliegen, muss die betroffene Person ausgeschlossen werden; der Gemeinderat hat bei seiner Entscheidung keinen Ermessensspielraum und er kann auch keine Ausnahmen zulassen. Im Interesse der Sauberhaltung der Gemeindeverwaltung sind diese Vorschriften streng auszulegen.

Beschlüsse, an denen befangene Gemeinderäte mitgewirkt haben, sind rechtswidrig und können vor den Verwaltungsge-

richten angefochten werden. Dasselbe gilt für Beschlüsse, bei
denen ein Mitglied durch Gemeinderatsbeschluss rechtswidrig
ausgeschlossen war. Das ausgeschlossene Gemeinderatsmitglied
selbst kann einen Ausschluss ebenfalls vor dem Verwaltungsge-
richt anfechten oder die Rechtsaufsichtsbehörde anrufen.
Rechtswidrige Beschlüsse durch Verstöße gegen die Befangen-
heitsbestimmungen sind geheilt, wenn nicht binnen eines Jahres
dem Beschluss vom Bürgermeister widersprochen, er von der
Rechtsaufsichtsbehörde beanstandet oder ein förmlicher
Rechtsbehelf eingelegt worden ist.

Rechtsfolgen

Wer befangen ist, darf **weder** bei der **Beratung noch** bei der
Beschlussfassung der Angelegenheit **mitwirken.** Bei öffentlichen
Sitzungen muss er den Beratungsteil des Sitzungsraums verlassen, kann jedoch als Zuhörer im Zuhörerteil des Sitzungsraums
verbleiben. Bei nichtöffentlichen Sitzungen hat er den Sitzungsraum zu verlassen. Der befangene Gemeinderat kann vor dem
Ausschluss auf Wunsch des Gemeinderats seine Stellungnahme
zu der betreffenden Angelegenheit abgeben oder Fragen dazu
beantworten.

Befangene Gemeinderäte dürfen keine Anfragen oder Anträge
stellen und keine Auskünfte, Akteneinsicht sowie Einsicht in die
Niederschrift nichtöffentlicher Verhandlungen verlangen und
erhalten.

Die gesetzlichen Befangenheitstatbestände erfassen nicht alle
Fälle denkbarer Interessenwiderstreite. Dem einzelnen Gemeinderat ist es daher unbenommen, z. B. bei engen persönlichen
Beziehungen sich für „befangen" zu erklären und freiwillig auf
eine Mitwirkung zu verzichten. Ein Ausschluss kann jedoch
nicht erzwungen werden.

3. Gemeinderatswahlen

Als Teile des demokratischen Staates müssen nach dem Grundgesetz (Art. 28) und der Verfassung des Landes Baden-Württemberg (Art. 72) die Gemeinden eine Vertretung der Bürgerschaft haben, die nach demokratischen Grundsätzen gebildet wird. Die Gemeinderäte werden deshalb wie die Kreisräte, Landtagsabgeordneten und Bundestagsabgeordneten in allgemeiner, unmittelbarer, freier, gleicher und geheimer Wahl durch die Bürger gewählt.

3.1 Zusammensetzung des Gemeinderats

Der Gemeinderat besteht aus dem Bürgermeister als Vorsitzenden und den ehrenamtlich tätigen Gemeinderäten. Die Zahl der Gemeinderäte richtet sich nach der Einwohnerzahl der Gemeinde. Sie beträgt nach § 25 Gemeindeordnung

in Gemeinden mit

		nicht mehr als	1 000 Einwohner	8,
mehr als	1 000,	aber nicht mehr als	2 000 Einwohner	10,
mehr als	2 000,	aber nicht mehr als	3 000 Einwohner	12,
mehr als	3 000,	aber nicht mehr als	5 000 Einwohner	14,
mehr als	5 000,	aber nicht mehr als	10 000 Einwohner	18,
mehr als	10 000,	aber nicht mehr als	20 000 Einwohner	22,
mehr als	20 000,	aber nicht mehr als	30 000 Einwohner	26,
mehr als	30 000,	aber nicht mehr als	50 000 Einwohner	32,
mehr als	50 000,	aber nicht mehr als	150 000 Einwohner	40,
mehr als	150 000,	aber nicht mehr als	400 000 Einwohner	48,
mehr als	400 000			60.

Maßgebend ist die Einwohnerzahl an dem der Wahl zum Gemeinderat vorausgehenden 30. Juni des Vorjahres. Ändert sich die Einwohnerzahlengruppe, z.B. durch Bevölkerungswachstum oder Eingliederung einer anderen Gemeinde, so ist dies erst bei der nächsten regelmäßigen Wahl zum Gemeinderat zu berücksichtigen. Stellvertreter für die Gemeinderäte gibt es nicht, auch die Ersatzpersonen (vgl. Abschnitt 3.5) sind keine Stellvertreter.

Die Zahl der Gemeinderäte kann in folgenden Fällen höher sein:

– Bei unechter Teilortswahl (vgl. die Ausführungen zum Wahlverfahren in diesem Abschnitt) kann die Hauptsatzung eine Sitzzahl bis höchstens zur nächsthöheren Gemeindegrößengruppe festlegen. Daneben können sich Ausgleichssitze ergeben.

– Bei der Eingliederung einer anderen Gemeinde durch Vereinbarung kann übergangsweise bis zur nächsten Gemeinderatswahl bestimmt werden, dass eine festgelegte Zahl an Gemeinderäten zugewählt wird.

Die Zahl der Gemeinderäte kann in folgenden Fällen **niedriger** sein:

– Durch Hauptsatzung kann bestimmt werden, dass für die Gemeinde die nächstniedrigere Gemeindegrößengruppe maßgebend ist. Bei unechter Teilortswahl kann auch ein Zwischenwert gewählt werden.

– Eine gewählte Person tritt nicht in den Gemeinderat ein und eine Ersatzperson steht nicht zur Verfügung oder Sitze bleiben bei der Wahl unbesetzt.

Bei der Aufhebung der unechten Teilortswahl gelten Sonderregelungen für die Sitzzahl. Die Hauptsatzung kann bestimmen, dass längstens bis zum Ablauf der zweiten folgenden Amtsperiode die Anzahl der Gemeinderäte bis zur nächsten Gemeindegrößengruppe erhöht oder erniedrigt wird.

3.2 Wahlverfahren

Die Gemeinderäte werden unmittelbar durch die wahlberechtigten Bürger gewählt. Die Wahl wird entweder nach den Grundsätzen der Verhältniswahl oder nach den Grundsätzen der Mehrheitswahl durchgeführt.

Verhältniswahl (sogenannte Listenwahl) findet dann statt, wenn mehr als ein gültiger Wahlvorschlag, z. B. einer Partei oder Wählervereinigung, eingereicht worden ist. Der Wähler hat so viele

Stimmen, wie Gemeinderäte zu wählen sind. Es können nur solche Bewerber gewählt werden, die auf einem gültigen Wahlvorschlag aufgeführt sind. Die Verbindung von mehreren Wahlvorschlägen ist nicht zulässig, jede Wählervereinigung muss deshalb eine besondere Liste einreichen. Der Wähler kann aber Bewerber von einem Wahlvorschlag auf einen anderen Wahlvorschlag übernehmen (panaschieren) und einem Bewerber bis zu drei Stimmen geben (kumulieren). Diese beiden Möglichkeiten begünstigen eine Persönlichkeitswahl. Die zu besetzenden Sitze im Gemeinderat werden zunächst nach dem Stimmenverhältnis auf die einzelnen Wahlvorschläge so verteilt, dass die gleiche Anzahl Stimmen, die einer Wählervereinigung zu einem Sitz verhilft, auch bei allen anderen Wählervereinigungen zu einem Sitz ausreichen (d'Hondt'sches Verfahren). Die Verteilung der Sitze innerhalb eines Wahlvorschlags geschieht sodann nach der Höchststimmenzahl. Bei einer gleichen Stimmenzahl entscheidet das Los.

Mehrheitswahl (sogenannte Persönlichkeitswahl) findet dann statt, wenn nur ein gültiger oder überhaupt kein gültiger Wahlvorschlag eingereicht worden ist. Der Wähler ist nicht an einen etwa eingereichten Wahlvorschlag gebunden, sondern kann einen beliebigen Namen eines wählbaren Bürgers auf seinen Stimmzettel setzen. Eine Stimmenhäufung (Kumulieren) wie bei der Verhältniswahl ist nicht zulässig. Der Stimmzettel darf höchstens so viele Namen enthalten, wie Gemeinderäte zu wählen sind. Gewählt sind diejenigen Personen, die die höheren Stimmenzahlen erhalten haben. Bei Stimmengleichheit entscheidet das Los.

Die Einzelheiten für die Wahl zum Gemeinderat sind im Kommunalwahlgesetz und in der Kommunalwahlordnung geregelt.

In Gemeinden, die aus mehreren räumlich voneinander getrennten Ortsteilen bestehen, kann in der Hauptsatzung bestimmt werden, dass die Sitze im Gemeinderat nach einem bestimmten Zahlenverhältnis mit Vertretern der einzelnen Wohnbezirke zu besetzen sind. Mit dieser sogenannten **unechten Teilortswahl** soll den Ortsteilen eine Vertretung im Gemeinderat gesichert werden. Bei der Aufstellung der Wahlvorschläge müssen die Bewerber getrennt nach den Wohnbezirken aufgeführt werden. Abweichend von der normalen Gemeinderatswahl dürfen die Wahlvorschläge für jeden Wohnbezirk, für den nicht mehr als drei Vertreter zu wählen sind, einen Bewerber mehr enthalten. Bei der Mehrheitswahl muss aus dem Stimmzettel hervorgehen, welche Personen der Wähler als Vertreter der einzelnen Wohnbezirke in den Gemeinderat wählen wollte. Gewählt werden die Vertreter der Wohnbezirke von allen Wahlberechtigten der Gemeinde, lediglich die Aufteilung der Sitze erfolgt getrennt nach Wohnbezirken.

3.3 Wahlberechtigung und Wählbarkeit

Wahlberechtigt (aktive Wahlberechtigung) zu den Wahlen zum Gemeinderat sind grundsätzlich die Bürger der Gemeinde.

Dies sind alle Personen, die am Tag der Wahl

- **Deutsche** im Sinne des Art. 116 des Grundgesetzes sind, oder die Staatsangehörigkeit eines anderen Mitgliedstaates der Europäischen Union besitzen,
- das **18. Lebensjahr** vollendet haben und
- seit mindestens **drei Monaten** ihren Hauptwohnsitz in der Gemeinde haben. Wer das Bürgerrecht durch Wegzug verloren hat und vor Ablauf von drei Jahren zurückzieht, ist mit der Rückkehr wieder Bürger.

Ausgeschlossen vom Wahlrecht und vom Stimmrecht sind Bürger,

- für die zur Besorgung aller ihrer Angelegenheiten ein Betreuer nicht nur durch einstweilige Anordnung bestellt ist oder
- die infolge Richterspruchs das Wahlrecht oder Stimmrecht nicht besitzen (§ 45 Strafgesetzbuch).

In den Gemeinderat **wählbar** (passive Wahlberechtigung) sind grundsätzlich die Bürger der Gemeinde. Nicht wählbar sind diejenigen Bürger, die

– vom Wahlrecht ausgeschlossen sind oder

– infolge Richterspruchs die Wählbarkeit oder die Fähigkeit zur Bekleidung öffentlicher Ämter nicht besitzen (§ 45 Strafgesetzbuch).

3.4 Hinderungsgründe für den Eintritt in den Gemeinderat

Liegen gesetzlich bestimmte **Hinderungsgründe** vor, kann ein Bürger zwar gewählt werden, er darf jedoch nicht in den Gemeinderat eintreten. Damit soll verhindert werden, dass ein Gemeinderat durch seine verwandtschaftliche oder berufliche Stellung in einen untragbaren Pflichtengegensatz gerät. Dies gilt für folgende Personen (§ 29 Gemeindeordnung):

– Beamte und Angestellte der Gemeinde,

– Beamte und Angestellte eines Gemeindeverwaltungsverbands, eines Nachbarschaftsverbands und eines Zweckverbands, dessen Mitglied die Gemeinde ist, sowie der erfüllenden Gemeinde einer vereinbarten Verwaltungsgemeinschaft, der die Gemeinde angehört,

– leitende Beamte und leitende Angestellte einer sonstigen Körperschaft des öffentlichen Rechts, wenn die Gemeinde in einem beschließenden Kollegialorgan der Körperschaft mehr als die Hälfte der Stimmen hat,

– leitende Bedienstete eines Unternehmens (z. B. GmbH, AG), wenn die Gemeinde mit mehr als 50 % an dem Unternehmen beteiligt ist,

– Beamte und Angestellte einer Stiftung des öffentlichen Rechts, die von der Gemeinde verwaltet wird,

– Beamte und Angestellte der Rechtsaufsichtsbehörde, oberen Rechtsaufsichtsbehörde (Regierungspräsidium) und obersten Rechtsaufsichtsbehörde (Innenministerium), die unmittelbar mit der Ausübung der Rechtsaufsicht befasst sind sowie leitende Bedienstete der Gemeindeprüfungsanstalt,

– Personen, die als persönlich haftende Gesellschafter an derselben Handelsgesellschaft beteiligt sind, und in Gemeinden mit nicht mehr als 10 000 Einwohner Personen, die zueinander in einem die Befangenheit begründendem Verhältnis nach § 18 Abs. 1 Nr. 1 bis 3 Gemeindeordnung stehen*,

– Personen, die mit dem Bürgermeister oder einem Beigeordneten in einem die Befangenheit nach § 18 Abs. 1 Nr. 1 bis 3 Gemeindeordnung begründenden Verhältnis stehen.

Ob ein Hinderungsgrund vorliegt, entscheidet der bisherige Gemeinderat vor Einberufung der ersten Sitzung des neuen Gemeinderats nach einer regelmäßigen Wahl bzw. Ergänzungswahl oder vor dem Nachrücken einer Ersatzperson. Dem Gemeinderat steht dabei kein Ermessensspielraum zu. Treten Hinderungsgründe während der Amtszeit ein, so haben die betroffenen Gemeinderäte auszuscheiden. Bei Mehrheitswahl tritt der Bewerber mit der höheren Stimmenzahl, bei Verhältniswahl der als Ersatzperson festgestellte Bewerber des gleichen Wahlvorschlags in den Gemeinderat ein.

3.5 Nachrücken von Ersatzpersonen und Ergänzungswahl

Während der Amtszeit ausscheidende Gemeinderäte sind durch Ersatzpersonen zu ersetzen. So wird gesichert, dass die gesetzliche Mindestzahl an Mitgliedern mitwirkt. Ein Ausscheiden kann notwendig werden, wenn

– ein Gewählter nicht eintritt, weil ein Hinderungsgrund oder ein anderer wichtiger Grund vorliegt;

– ein Gewählter im Laufe der Amtszeit aus den genannten Gründen ausscheidet oder

– nachträglich festgestellt wird, dass ein Gewählter nicht wählbar war.

---

* Frühere Ehegatten können nach einem Beschluss des BVerfG gleichzeitig Gemeinderäte sein.

Die fehlenden Gemeinderäte werden durch Nachrücken der Ersatzpersonen für den Rest der Amtszeit ersetzt. Es rückt der bei der Feststellung des Wahlergebnisses als nächste Ersatzperson festgestellte Bewerber nach. Bei Verhältniswahl wird die Ersatzperson demselben Wahlvorschlag entnommen, damit das Sitzverhältnis zwischen den Wählervereinigungen im Gemeinderat erhalten bleibt. Es rückt die nächste Ersatzperson mit der höchsten Stimmenzahl nach. Diese muss im Zeitpunkt ihres Nachrückens in den Gemeinderat wählbar sein, und es dürfen keine Hinderungsgründe vorliegen. Bei unechter Teilortswahl rückt die nächste Ersatzperson jeweils innerhalb der einzelnen Wohnbezirke nach. Bewerber, die wegen eines wichtigen Grundes die Wahl nicht angenommen haben, werden nicht Ersatzpersonen; sie können auch später nicht nachrücken, wenn diese Gründe weggefallen sind. Ist keine Ersatzperson mehr vorhanden, bleibt der freigewordene oder freie Sitz im Gemeinderat unbesetzt.

Können die im Gemeinderat freigewordenen Sitze nicht mehr durch Nachrücken von Ersatzpersonen besetzt werden, wird eine **Ergänzungswahl** durchgeführt, falls die Zahl der Mitglieder weniger als zwei Drittel der gesetzlichen Zahl (vgl. Abschnitt 3.1) beträgt (§ 31 Gemeindeordnung). Für die Ergänzungswahl gelten dieselben Grundsätze wie für die regelmäßige Wahl zum Gemeinderat. Die Amtszeit der dabei neu in den Gemeinderat gewählten Personen geht jedoch nur bis zum Ende der ursprünglichen Amtszeit. Durch die Ergänzungswahl soll erreicht werden, dass der Gemeinderat in seiner Aufgabenerfüllung nicht beeinträchtigt wird und die für seine Entscheidungen erforderliche Mitgliederstärke besitzt. Fehlt nur ein Drittel oder weniger an der gesetzlichen Zahl der Mitglieder (einschließlich des Bürgermeisters), so bleiben die freien, nicht mehr besetzbaren Sitze bis zur nächsten regelmäßigen Wahl zum Gemeinderat frei.

4. Verfahren im Gemeinderat

Beschlüsse in Sitzungen des Gemeinderats sind nur dann ordnungsmäßig und damit rechtsgültig, wenn

– sie vom Vorsitzenden ordnungsgemäß einberufen worden sind, wobei die Verhandlungsgegenstände mitzuteilen und die erforderlichen Unterlagen beizufügen sind,
– öffentlich verhandelt wird, soweit nicht das öffentliche Wohl oder berechtigte Interessen Einzelner eine nichtöffentliche Verhandlung erfordern,
– die Sitzung vom zuständigen Vorsitzenden ordnungsgemäß geleitet wird,
– der Gemeinderat beschlussfähig ist und
– die für den Beschluss gesetzlich geforderte Mehrheit zustandegekommen ist.

4.1 Geschäftsordnung

Der Gemeinderat als Organ der Gemeinde handelt nicht durch die einzelnen Mitglieder, sondern trifft seine Entscheidungen in Sitzungen. Der Verlauf der Gemeinderatssitzung richtet sich nach den Vorschriften der Gemeindeordnung, den Vorschriften der Geschäftsordnung und nach Einzelbeschlüssen des Gemeinderats. Je größer der Gemeinderat ist, desto wichtiger sind die Grundsätze und Regeln für seine Verhandlungen. Andererseits sollten Geschäftsordnungsfragen nicht überbewertet werden.

Der Gemeinderat ist verpflichtet, eine Geschäftsordnung zu beschließen (§ 36 Gemeindeordnung). Die Geschäftsordnung ist keine Rechtsnorm, sodass bei Verstößen die gefassten Beschlüsse der Geschäftsordnung nicht rechtswidrig sind. Ausnahmen von ihr sind nur zulässig, wenn sie ausdrücklich vom Gemeinderat beschlossen oder stillschweigend geduldet werden und nicht gegen Vorschriften der Gemeindeordnung verstoßen. Der Gemeinderat kann seine Geschäftsordnung jederzeit ändern.

4.2 Gemeinderatssitzung

Eine Sitzung verläuft um so reibungsloser, je gründlicher sie vorbereitet wird. Eine sorgfältige Vorbereitung ist um so wichtiger, je größer der Gemeinderat ist und je schwieriger die zu verhandelnden Angelegenheiten sind. Die Sitzungsvorbereitung ist Aufgabe des Bürgermeisters. Er kann damit Gemeindebedienstete beauftragen. Angelegenheiten, die im Gemeinderat verhandelt werden sollen, müssen tatsächlich auch beratungs- und entscheidungsreif sein.

Einberufung

Der Gemeinderat kann nur in einer ordnungsmäßig einberufenen Sitzung beraten und beschließen (§ 34 Gemeindeordnung). Das Recht und die Pflicht, den Gemeinderat zu einer Sitzung einzuberufen, kommt dem Bürgermeister als Vorsitzenden zu. Ist der Bürgermeister wegen Befangenheit oder vorläufiger Dienstenthebung rechtlich oder wegen Krankheit, Ortsabwesenheit usw. tatsächlich verhindert, so tritt sein Stellvertreter an seine Stelle, bei mehreren Stellvertretern in der vom Gemeinderat bestimmten Reihenfolge.

Der Gemeinderat **soll** zu einer Sitzung einberufen werden, wenn es die **Geschäftslage** erfordert. Dies ist nach der Größe der Gemeinde sowie der Zahl und der Dringlichkeit der anstehenden Angelegenheiten zu entscheiden. Monatlich soll mindestens eine Sitzung stattfinden. Der Vorsitzende **muss** unverzüglich eine Sitzung einberufen und die Angelegenheit auf die Tagesordnung setzen, wenn ein Viertel der Gemeinderäte (ohne den Bürgermeister) die Einberufung unter Angabe des Verhandlungsgegenstandes verlangt, es sei denn, diese Angelegenheit ist in den letzten sechs Monaten bereits behandelt worden. Die Angelegenheit muss zum Aufgabenbereich der Gemeinde und zur Zuständigkeit des Gemeinderats zählen.

Eine Sitzung ist mit **angemessener Frist** einzuberufen. Als angemessen gilt für kleinere Gemeinden eine Frist von mindestens drei Tagen, bei wichtigen Angelegenheiten und in größeren Gemeinden eine solche von mindestens einer Woche. Durch diese Frist sollen die Gemeinderäte ausreichend Zeit für die Sitzungsvorbereitung haben. In Notfällen ist eine kurzfristige Einberufung zulässig. Ein Notfall liegt vor, wenn eine Entscheidung so dringlich ist, dass sie nicht bis zu einer fristgerechten Einberufung einer Sitzung aufgeschoben werden kann und sonst eine Eilentscheidung durch den Bürgermeister ergehen müsste.

Eine Sitzung ist **schriftlich** einzuberufen. Lediglich in Notfällen kann auch mündlich oder telefonisch einberufen werden. Die Einberufung muss die erforderlichen Einzelheiten wie Tag, Zeit und Ort der Sitzung enthalten. Sie muss an alle Gemeinderäte einzeln ergehen, auch an die durch Krankheit, Ortsabwesenheit oder sonst verhinderten Gemeinderäte, ferner an die befangenen Gemeinderäte, soweit sie nicht bereits von dieser Sitzung ausgeschlossen worden sind.

Sitzungsunterlagen

Der Bürgermeister hat rechtzeitig – in der Regel mit der Einberufung – die für die Verhandlung erforderlichen Unterlagen an die Gemeinderäte zu versenden. Dies gilt nicht, soweit Gründe des öffentlichen Wohls oder berechtigte Interessen einzelner entgegenstehen. Unterlagen sind nur insoweit erforderlich, als diese für die Beratung und Beschlussfassung notwendig sind.

Tagesordnung

Mit der Einberufung der Sitzung sind den Gemeinderäten die **Verhandlungsgegenstände mitzuteilen** (§ 34 Gemeindeordnung). Dies geschieht durch die Übersendung der Tagesordnung, die vom Vorsitzenden aufgestellt wird. Nach Eintritt in die Verhandlung kann sie nur noch mit Zustimmung des Gemeinderats geändert werden.

Ein Viertel der Gemeinderäte (ohne Bürgermeister) kann verlangen, dass eine bestimmte, von ihnen bezeichnete Angelegenheit, die zur Zuständigkeit der Gemeinde und des Gemeinderats gehören muss, auf die Tagesordnung gesetzt wird. Dies muss spätestens bei der übernächsten Sitzung des Gemeinderats geschehen, es sei denn, die Angelegenheit ist in den letzten sechs Monaten bereits behandelt worden.

Die Tagesordnung soll **alle Gegenstände** enthalten, über die zu beraten oder beschließen ist. Soweit sowohl öffentlich als auch nichtöffentlich zu verhandelnde Angelegenheiten vorliegen, ist die Tagesordnung aufzuteilen. Die Tagesordnungspunkte müssen zum Aufgabenbereich der Gemeinde gehören und in die Zuständigkeit des Gemeinderats fallen. Sie sind so genau zu bezeichnen, dass jeder daraus ersehen kann, worum es sich handelt, z.B. nicht nur „Personalangelegenheiten", sondern „Einstellung eines Bademeisters".

Nur in Notfällen können in öffentlicher Sitzung Angelegenheiten behandelt werden, die nicht auf der Tagesordnung stehen. In nichtöffentlicher Sitzung ist dies darüber hinaus zulässig, wenn alle Mitglieder des Gemeinderats damit einverstanden sind.

Öffentlichkeit der Verhandlungen

Die Verhandlungen des Gemeinderats sind grundsätzlich öffentlich (§ 35 Gemeindeordnung). Der Bürger soll sich durch die ihn interessierenden Verhandlungen selbst ein Bild von der Arbeit im Gemeinderat machen können. Dies dient seinen künftigen Entscheidungen als Wähler und der Kontrolle der Verwaltung der Gemeinde. Zeit, Ort und Tagesordnung der öffentlichen Sitzungen sind rechtzeitig **ortsüblich bekannt zu geben.** Dafür gilt abgesehen von Notfällen dieselbe Frist wie für die Einberufung von Sitzungen. Die Form der Bekanntgabe, z.B. Tageszeitung, Amtsblatt, Aushang usw., bestimmt der Gemeinderat, ansonsten der Bürgermeister.

Bei öffentlichen Sitzungen hat **jedermann freien Zutritt** zum Sitzungsraum, soweit der vorhandene Raum ausreicht und die Ordnung in der Sitzung dadurch nicht gestört wird. Öffentliche Sitzungen dürfen deshalb nur innerhalb der Gemeinde und

nicht in Privaträumen, über die die Gemeinde keine Verfügungs-
gewalt hat, stattfinden. Wenn die Plätze nicht für alle Interes-
senten ausreichen, kann der Zugang zum Sitzungsraum
beschränkt werden. Zuhörer dürfen nur den für sie vorgesehenen Teil des Sitzungsraums (Zuhörerteil) betreten, nicht den
Beratungsteil. Sie dürfen sich weder zu den Verhandlungsgegen-
ständen äußern noch Beifall oder Missfallen kundgeben. Wenn
sie die Sitzung stören, können sie vom Vorsitzenden aus dem Sitzungsraum verwiesen werden.

Nichtöffentlichkeit der Verhandlungen

Es gibt Angelegenheiten, bei denen der Gesichtspunkt der
Geheimhaltung schwerer wiegt als der Grundsatz der Öffentlichkeit. In solchen Fällen ist nichtöffentlich zu verhandeln und
die Öffentlichkeit auszuschließen. Angelegenheiten sind geheim
zu beraten und zu beschließen, wenn es das **öffentliche Wohl
oder berechtigte Interessen Einzelner** erfordert. Dies gilt insbesondere für Angelegenheiten, in denen gesetzlich Verschwiegenheit vorgeschrieben, diese besonders angeordnet oder nach der
Natur der Sache erforderlich ist (vgl. Abschnitt 2.3 – Verschwiegenheitspflicht). Berechtigte Interessen Einzelner liegen vor,
wenn persönliche oder wirtschaftliche Verhältnisse einer Einzelperson zur Sprache kommen können, die anderen Personen
nicht zugänglich sein sollen, z. B. bei Personalangelegenheiten.
Nichtöffentlich sind zumeist auch Angelegenheiten zu verhandeln, die sich noch im Stand der Vorbereitung befinden, z. B.
Grundstücksangelegenheiten, deren öffentliche Verhandlung
Spekulationen auslösen könnten. Bei grundsätzlichen, die
gesamte Bevölkerung wesentlich berührenden Angelegenheiten,
z. B. dem Erlass von Satzungen, der Verabschiedung des Haushaltsplans oder der Festsetzung von Abgaben, darf die Öffentlichkeit nicht ausgeschlossen werden.

Nichtöffentliche Sitzungen müssen nicht vorher ortsüblich
bekannt gegeben werden. An nichtöffentlichen Verhandlungen
dürfen nur solche Personen teilnehmen, die daran dienstlich

beteiligt sind, also außer den Gemeinderäten die zugezogenen Gemeindebediensteten, Sachverständigen und sachkundigen Einwohner. Über nichtöffentliche Verhandlungen ist Verschwiegenheit zu bewahren, und zwar nicht nur über das Ergebnis, sondern über deren gesamten Verlauf; diese gilt so lange, bis der Bürgermeister die Verschwiegenheit ausdrücklich aufhebt.

Der Vorsitzende kann bei der Aufstellung der Tagesordnung solche Gegenstände, bei denen er die Voraussetzungen für eine nichtöffentliche Verhandlung für gegeben hält, in den nichtöffentlichen Teil einer Sitzung verweisen. Der Gemeinderat kann von dieser Festlegung abweichen. Ihm steht jedoch dabei kein Ermessen zu, er ist an die gesetzlichen Vorgaben gebunden. Über die Frage, ob öffentlich oder nichtöffentlich verhandelt werden soll, ist selbst nichtöffentlich zu beraten und zu beschließen. Dabei werden meist schon diejenigen Gesichtspunkte angesprochen werden müssen, die für eine nichtöffentliche Verhandlung ausschlaggebend sind. Die öffentliche Verhandlung eines Gegenstandes, der auf dem nichtöffentlichen Teil der Tagesordnung aufgeführt ist, ist erst in einer späteren öffentlichen Sitzung möglich, da dieser Verhandlungsgegenstand nicht ortsüblich bekannt gegeben worden ist; Ausnahmen sind nur in Notfällen zulässig. Die Nichtöffentlichkeit einer Sitzung wird dadurch geschaffen, dass die Zuhörer vom Vorsitzenden aufgefordert werden, den Sitzungsraum zu verlassen.

In nichtöffentlicher Sitzung gefasste Beschlüsse sind – entweder nach Wiederherstellung der Öffentlichkeit oder in der nächsten öffentlichen Sitzung, nach Wegfall der Geheimhaltungsgründe – bekannt zu geben. Die Bekanntgabe beschränkt sich auf den Teil des Beschlusses, der nicht mehr verschwiegen zu behandeln ist, sie erstreckt sich nicht auch auf den Verlauf der Beratung.

Sitzungsleitung

Eine Sitzung kann rechtswirksam nur unter der Leitung des Vorsitzenden stattfinden. Vorsitzender des Gemeinderats ist kraft Gesetzes der Bürgermeister (vgl. Abschnitt 1.2), bei Verhinderung tritt an seine Stelle sein Stellvertreter.

Der Vorsitzende hat die Sitzung vorzubereiten, sie einzuberufen, die Tagesordnung aufzustellen und mitzuteilen, die erforderlichen Unterlagen der Einberufung beizufügen, öffentliche Sitzungen ortsüblich bekannt zu geben, die Sitzung zu eröffnen, die Verhandlung zu führen, die Ordnung in der Sitzung zu handhaben und die Sitzung zu schließen.

Als **Ordnungsmittel** steht dem Vorsitzenden gegenüber den Zuhörern das Hausrecht zu. Gegenüber Gemeinderäten hat der Vorsitzende als Ordnungsmittel den Ordnungsruf, die Entziehung des Wortes, die Verweisung aus der Sitzung, die Unterbrechung und bei anhaltenden Störungen die Schließung einer Sitzung. Ob und welche Ordnungsmittel der Vorsitzende anwendet, entscheidet er nach Ermessen. Der Gemeinderat kann darüber hinaus durch Beschluss bei grober Ungebühr oder fortgesetzten Verstößen gegen die Ordnung den Betreffenden für mehrere, höchstens jedoch sechs Sitzungen ausschließen. Dieser Ausschluss gilt auch für Ausschusssitzungen.

Beschlussfähigkeit

Für rechtswirksame Beschlüsse muss der Gemeinderat beschlussfähig sein. Beschlussfähig ist der Gemeinderat regelmäßig, wenn mindestens die Hälfte aller Mitglieder – darunter der Vorsitzende – anwesend ist (§ 37 Gemeindeordnung). Dabei ist nicht von der gesetzlichen Zahl der Mitglieder, sondern von der Zahl der tatsächlich besetzten Sitze im Gemeinderat (einschließlich Bürgermeister) auszugehen.

> **Beispiel:** In einer Gemeinde mit 6000 Einwohnern sind von den 18 Sitzen im Gemeinderat nur 15 besetzt, weil keine Ersatzpersonen mehr zum Nachrücken da sind. Zur Beschlussfähigkeit müssen mindestens 8 Mitglieder (Gemeinderäte und Bürgermeister) erschienen sein.

Der Gemeinderat muss während der gesamten Beratung und bei jeder Beschlussfassung beschlussfähig sein. Es genügt nicht, wenn lediglich zu Beginn der Sitzung die Beschlussfähigkeit festgestellt wird und später einzelne Gemeinderäte die Sitzung vorzeitig verlassen. Sobald keine Beschlussfähigkeit mehr gegeben ist, kann nicht mehr weiter beraten und beschlossen werden.

Bei Befangenheit von mehr als der Hälfte aller Mitglieder ist der Gemeinderat dennoch beschlussfähig, wenn mindestens ein Viertel aller Mitglieder anwesend und stimmberechtigt ist.

Ist der Gemeinderat wegen mangelnder Teilnahme von Mitgliedern oder wegen Befangenheit von Mitgliedern nicht beschlussfähig, muss vom Bürgermeister eine zweite Sitzung einberufen werden. In dieser zweiten Sitzung ist der Gemeinderat beschlussfähig, wenn mindestens drei Mitglieder anwesend und stimmberechtigt, d. h. nicht befangen sind. Bei der Einberufung zu dieser zweiten Sitzung ist darauf hinzuweisen, dass diese Zahl für die Beschlussfähigkeit ausreicht. Eine solche zweite Sitzung braucht aber nicht einberufen zu werden, wenn von vornherein feststeht, dass weniger als drei Mitglieder des Gemeinderats stimmberechtigt sind.

Ist der Gemeinderat auch in der zweiten Sitzung nicht beschlussfähig, entscheidet der Bürgermeister anstelle des Gemeinderats. Er muss zuvor jedoch diejenigen Gemeinderäte anhören, die in der Angelegenheit nicht befangen sind. An deren Stellungnahme ist er bei seiner Entscheidung nicht gebunden.

Ist auch der Bürgermeister befangen, so kann der Gemeinderat vor der Sachentscheidung aus seiner Mitte ein stimmberechtigtes, d. h. nichtbefangenes Mitglied zum Stellvertreter des Bürgermeisters bestellen, sodass dieser anstelle des Gemeinderats entscheiden kann. Andernfalls kann die Rechtsaufsichtsbehörde einen Beauftragten bestellen.

Beratung

Regelmäßig geht den Beschlussfassungen des Gemeinderats eine entsprechende Beratung der Angelegenheit voraus. Besonders wichtige und schwierige Entscheidungen bedürfen einer eingehenden Erörterung. Die Beratung ist eine der wichtigsten Aufgaben der Gemeinderäte. Die Gemeinderäte sind verpflichtet, an der Beratung nach bestem Wissen und Gewissen teilzunehmen, zur Beratung beizutragen und mit ihrer Meinung „nicht hinter dem Berg zu halten".

Die Beratung wird durch den Vorsitzenden eröffnet. Er selbst oder ein von ihm beauftragter Gemeindebediensteter oder ein Sachkundiger übernimmt den **Sachvortrag**. Anschließend an den Sachvortrag wird in die Aussprache eingetreten. Wer sprechen will, muss sich dazu dem Vorsitzenden gegenüber bemerkbar machen und zu Wort melden. Sprechen darf nur, wem vom Vorsitzenden das Wort erteilt wurde. Regelmäßig wird das Wort nach der zeitlichen Reihenfolge der Wortmeldungen erteilt, ausgenommen bei Meldungen zur Geschäftsordnung, die unverzüglich berücksichtigt werden. Der Vorsitzende ist befugt, jederzeit das Wort zu ergreifen. Bis zur Beendigung der Aussprache kann jeder Gemeinderat sich mehrmals zu Wort melden. Nach der Aufforderung zur Stimmabgabe durch den Vorsitzenden darf das Wort nur zur Geschäftsordnung erteilt werden, wenn der Abstimmungs- oder Wahlvorgang dadurch nicht beeinflusst wird.

Zuhörern kann das Wort nicht erteilt werden. Als Zuhörer anwesende sachkundige Einwohner oder Sachverständige kann der Gemeinderat jedoch durch Beschluss in der Sitzung beratend zuziehen.

Die Redezeit ist in der Regel unbegrenzt. Der Gemeinderat kann aus Gründen der Sitzungsökonomie eine Redezeitbegrenzung beschließen. Jeder Gemeinderat sollte sich nur dann zu Wort melden, wenn er zur Angelegenheit etwas beitragen kann, sei es zur Ergänzung oder Berichtigung des bereits Gesagten.

Sach- und Geschäftsordnungsanträge

Grundlage der Beratung und der Beschlussfassung sind Anträge, die vom Vorsitzenden oder aus der Mitte des Gemeinderats gestellt werden. Anträge sind Beschlussvorschläge, meist mit Begründung. Sie müssen sich auf solche Aufgaben der Gemeinde beziehen, die in der Zuständigkeit des Gemeinderats liegen und sie müssen verständlich und ausführbar sein, um über sie beraten und beschließen zu können.

Sachanträge verfolgen sachliche Ziele in einer bestimmten Angelegenheit. **Geschäftsordnungsanträge** (Verfahrensanträge) zielen auf die verfahrungsmäßige Behandlung von Sachanträgen ab. Daneben sind Haupt- und Nebenanträge (Zusatzanträge, Ergänzungsanträge) zu unterscheiden.

> **Beispiel:** Gemeinderat M stellt den Sachantrag: „Ich beantrage, den bisherigen jährlichen Zuschuss an den Krankenpflegeverein von 1000 € auf 2000 € zu erhöhen, weil der Aufwand des Vereins sich seit der letzten Festsetzung des Zuschusses verdoppelt hat". Darauf stellt Gemeinderat F den Geschäftsordnungsantrag: „Ich beantrage, den Antrag des M bis zur nächsten Sitzung zurückzustellen, damit die Gemeindeverwaltung feststellen kann, um wie viel und weshalb sich der Aufwand des Vereins erhöht hat."

Zu Geschäftsordnungsanträgen gehören insbesondere:

– Änderung der Tagesordnung,
– Verzicht auf eine Aussprache,
– Schluss der Rednerliste (der Wortmeldungen),
– Schluss der Beratung (Antrag auf sofortige Abstimmung),
– Verweisung der Angelegenheit an einen Ausschuss usw.,
– Übergang zur Tagesordnung,
– Vertagung der Angelegenheit (Zurückstellung),
– Unterbrechung der Sitzung,
– Ausschluss oder Herstellung der Öffentlichkeit,
– Ausschluss von Personen wegen Befangenheit,
– Zuziehung von Gemeindebediensteten, sachkundigen Einwohnern und Sachverständigen,
– Feststellung der Beschlussfähigkeit,
– Reihenfolge der Abstimmung.

Geschäftsordnungsanträge können jederzeit, also auch noch während der Beschlussfassung gestellt werden. Sachanträge können bis zum Schluss der Aussprache vorgebracht werden. Bis zum Beginn der Abstimmung kann ein Antrag zurückgenommen oder geändert werden.

Beschlussfassung

Der Gemeinderat kann nur durch gemeinsame Beratung und Beschlussfassung seine Meinung bilden und seine Entscheidungen treffen. Das Ergebnis seiner Willensbildung sind Beschlüsse.

An einer Beschlussfassung können sich nur die in der Sitzung anwesenden, nicht befangenen stimmberechtigten Personen beteiligen. Außer bei schriftlichen und bei Offenlegungsbeschlüssen (vgl. Seite 67) ist es nicht möglich, dass ein Gemeinderat vorher oder nachher schriftlich oder mündlich außerhalb von Sitzungen seine Stimme abgibt.

Beschlüsse werden entweder durch Abstimmung oder durch Wahl gefasst. Beide Formen unterscheiden sich in der Fragestellung, der erforderlichen Mehrheit und im Verfahren. Bei der Abstimmung wird über einen Antrag mit „Ja" oder mit „Nein" abgestimmt. Bei der Wahl findet eine Auswahl von Personen statt.

Die **Abstimmung** ist die regelmäßige Form der Beschlussfassung. Abstimmungen werden in öffentlichen und nichtöffentlichen Sitzungen grundsätzlich offen vorgenommen. Offen ist eine Abstimmung, wenn jeder bei der Verhandlung Anwesende erkennen kann, wie der einzelne Gemeinderat abstimmt. In der Regel werden die Gemeinderäte auf die Frage des Vorsitzenden als Zeichen ihrer Zustimmung die Hand erheben. Bei einfachen Angelegenheiten kann auch eine einstimmige Zustimmung angenommen werden, falls sich nicht ausdrücklich dagegen Widerspruch erhebt.

Die **geheime Abstimmung** soll die Ausnahme sein und nur bei besonderen Umständen auf Beschluss des Gemeinderats oder nach Bestimmung der Geschäftsordnung durchgeführt werden. Geheim wird schriftlich mit Stimmzetteln abgestimmt, die sich äußerlich nicht voneinander unterscheiden dürfen und verdeckt oder in Umschlägen abgegeben werden. Das Ergebnis wird gemeinsam durch den Schriftführer und einen oder mehrere Gemeinderäte festgestellt.

Bei Abstimmungen ist ein Antrag angenommen, wenn er die **Mehrheit** der Stimmen der in der Sitzung anwesenden, nicht befangenen Mitglieder des Gemeinderats (Gemeinderäte einschließlich Bürgermeister) erhalten hat. Die Anzahl der gültigen Ja-Stimmen muss mindestens um eine Stimme höher als die Anzahl der Nein-Stimmen sein. Dem Bürgermeister steht Stimmrecht zu, nicht dagegen den Beigeordneten und einem Amtsverweser. Bei Stimmengleichheit, wenn ebenso viel Ja-Stimmen wie Nein-Stimmen vorliegen, ist der Antrag abgelehnt. Ein Stichentscheid kommt dem Vorsitzenden nicht zu. Stimmenthaltungen werden nicht mitgezählt, sie gelten auch nicht als Nein-Stimmen.

In einigen gesetzlich bestimmten Fällen genügt nicht die einfache Mehrheit, sondern es bedarf einer höheren Stimmenzahl **(qualifizierte Mehrheit).** Dies ist die

a) Mehrheit aller Mitglieder des Gemeinderats, also der tatsächlich im Gemeinderat besetzten Sitze einschließlich Bürgermeister

   – für den Erlass der Hauptsatzung (§ 4 Gemeindeordnung),
   – für freiwillige Grenzänderungen (§ 8 Gemeindeordnung) und
   – für die Bestellung eines Amtsverwesers (§ 48 Gemeindeordnung);

b) Zweidrittelmehrheit aller Mitglieder des Gemeinderats

   – die Unterstellung einer Angelegenheit unter den Bürgerentscheid (§ 21 Gemeindeordnung);
   – die Abberufung des Leiters des Rechnungsprüfungsamts (§ 109 Gemeindeordnung) und
   – die Einbeziehung weiterer Bewerber für die Wahl des Ortsvorstehers (§ 71 Gemeindeordnung);

c) Mehrheit von zwei Dritteln der anwesenden Mitglieder des Gemeinderats für Personalentscheidungen, die ohne das Einvernehmen des Bürgermeisters ergehen sollen (§ 24 Gemeindeordnung);

d) einstimmige Zustimmung aller Mitglieder für die Ausnahme von dem Verbot der Verwandtschaft des Kassenverwalters und seines Stellvertreters mit dem Bürgermeister und dessen Stellvertreter in Gemeinden bis zu 2000 Einwohnern (§ 93 Gemeindeordnung).

Ein zur Abstimmung gestellter Antrag ist so klar und eindeutig zu fassen, dass auf ihn mit „Ja" oder mit „Nein" geantwortet und er als Ganzes angenommen oder abgelehnt werden kann. Es kann jeweils nur über einen Antrag abgestimmt werden. Besteht ein Antrag aus mehreren selbstständigen Teilen, so sind diese voneinander getrennt zur Abstimmung zu bringen. Liegen mehrere gleichartige Anträge vor, so kann über sie zusammen abgestimmt werden.

Reihenfolge der Anträge bei der Abstimmung

Mitunter ist es nicht einfach, zu entscheiden, in welcher Reihenfolge über mehrere vorliegende Anträge abgestimmt werden soll. Die Reihenfolge kann jedoch für den Ausgang in der Sache entscheidend sein.

Soweit die Geschäftsordnung nichts bestimmt, können für die Reihenfolge der Anträge bei der Abstimmung allgemein übliche Grundsätze angewendet werden. Danach wird über Geschäftsordnungsanträge vor Sachanträgen abgestimmt, und zwar meist ohne Aussprache. Durch die Annahme eines solchen Antrags kann die weitere Beratung hinfällig werden, z. B. bei einem Antrag auf Vertagung der Angelegenheit.

Unter **Geschäftsordnungsanträgen** ist folgende Reihenfolge üblich:

1. Anträge auf Übergang zur Tagesordnung;
2. Anträge auf Vertagung;
3. Anträge auf Schluss der Beratung;
4. Anträge auf Schluss der Rednerliste;
5. im Übrigen gehen diejenigen Anträge vor, die der verfahrensmäßigen Weiterbehandlung der Angelegenheit am meisten

widersprechen. Falls eine solche Unterscheidung nicht gemacht werden kann, gehen die früher gestellten Anträge vor.

Bei **Sachanträgen** ist folgende Reihenfolge üblich:

1. Wenn die Geschäftsordnung dies bestimmt, gehen die Anträge der Ausschüsse oder der Gemeindeverwaltung vor;

2. Nebenanträge werden vor dem Hauptantrag zur Abstimmung gestellt;

3. weitergehende Anträge gehen vor;

4. im Übrigen gehen die zeitlich früher gestellten Anträge vor.

Wahlen

Wahlen sind durchzuführen bei der

– Einstellung, Ernennung und Entlassung, teils auch bei Höhergruppierung von Gemeindebediensteten,

– Bildung von Ausschüssen, falls keine Einigung zustande kommt,

– Bestellung von Stellvertretern des Bürgermeisters, Beigeordneten, des Amtsverwesers sowie bei der Bestellung von Vertretern der Gemeinde in Verbänden, Organen usw.

Wahlen sind im Unterschied zu Abstimmungen **grundsätzlich geheim** und zwar sowohl in öffentlichen als auch in nichtöffentlichen Sitzungen. Sie werden schriftlich mit Stimmzetteln vorgenommen. Zur Geheimhaltung sind Stimmzettel zu verwenden, die sich äußerlich nicht unterscheiden. Von einer geheimen Wahl kann der Gemeinderat absehen und durch **Zuruf** wählen, wenn kein Mitglied widerspricht.

Wahlen werden regelmäßig als **Mehrheitswahl** durchgeführt. Gewählt ist, wer mehr als die Hälfte der Stimmen der anwesenden stimmberechtigten Mitglieder des Gemeinderats (absolute Mehrheit) erhalten hat. Anders als bei Abstimmungen werden also Stimmenthaltungen bei der Berechnung der erforderlichen Mehrheit mitgezählt. Auch bei Wahlen hat der Bürgermeister

Stimmrecht, nicht aber die Beigeordneten und der Amtsverweser.

Wird bei der Mehrheitswahl die absolute Mehrheit der anwesenden Stimmberechtigten nicht im ersten Wahlgang für einen Bewerber erreicht, findet zwischen den beiden Bewerbern mit der höchsten und der nächsthöchsten Stimmenzahl in derselben Sitzung eine **Stichwahl** statt. Bei dieser ist gewählt, wer die höchste Stimmenzahl erhalten hat (relative Mehrheit). Stimmenthaltungen und ungültige Stimmen zählen hierbei nicht mehr. Steht nur ein Bewerber zur Wahl und erhält dieser im ersten Wahlgang nicht die absolute Mehrheit, ist auch im zweiten Wahlgang, der eine Woche später stattfinden soll, wieder die absolute Mehrheit nötig. Entfällt bei der Stichwahl auf beide Bewerber die gleiche Stimmenzahl, so entscheidet das **Los**. Dazu bestimmt der Gemeinderat, wer aus seiner Mitte das Los ziehen soll, das in Abwesenheit der betroffenen Bewerber vorbereitet wird.

Ausnahmsweise wird eine **Verhältniswahl** durchgeführt, wenn dies gesetzlich vorgeschrieben ist. Dies ist der Fall bei

- der Bildung von Ausschüssen (vgl. Abschnitt 5), wenn keine Einigung zustande kommt oder keine Mehrheitswahl durchzuführen ist,

- der Zuwahl von Vertretern der eingegliederten Gemeinde in den Gemeinderat der aufnehmenden Gemeinde nach § 9 Gemeindeordnung und

- der Wahl von mehreren Vertretern der Gemeinde in die Verbandsversammlung von Zweckverbänden (§ 13 Gesetz über kommunale Zusammenarbeit) sowie für die Verbandsversammlung des Gemeindeverwaltungsverbands und den gemeinsamen Ausschuss der vereinbarten Verwaltungsgemeinschaft.

- der Wahl von mehreren Mitgliedern des Vorstandes oder des Aufsichtsrats eines städtischen Unternehmens.

Über **Gegenstände einfacher Art,** bei denen eine mündliche Beratung nicht erforderlich erscheint, kann im **schriftlichen Verfahren** beschlossen werden. Dies ist eine einfache und rasche Art der Erledigung. Einfach ist eine Angelegenheit, wenn die Entscheidung für die Gemeinde oder die sonstigen Beteiligten unerheblich und somit leicht zu treffen ist. Darunter fallen **nicht**

– Angelegenheiten, die erhebliche finanzielle Folgen haben können,

– rechtlich komplexe Fragestellungen, die der Gemeinderat nicht auf Ausschüsse übertragen kann,

– Angelegenheiten, an denen die Öffentlichkeit ein besonderes Interesse hat und die deshalb öffentlich zu verhandeln sind.

Vom Vorsitzenden wird eine schriftliche Vorlage (Antrag mit Begründung) gefertigt und allen Gemeinderäten einzeln zugesandt. Kranke Gemeinderäte sind einzubeziehen, auch solche, die von der nächsten Sitzung des Gemeinderats ausgeschlossen sind. Ein Antrag ist angenommen, wenn kein Mitglied des Gemeinderats widersprochen hat. Ein etwaiger Widerspruch ist auf dem Schriftstück zu vermerken oder sonstwie eindeutig zu erklären. Wird der Antrag nicht angenommen, ist er damit noch nicht abgelehnt, sondern er kann nur in einer Sitzung des Gemeinderats weiterbehandelt werden.

Die zweite Ausnahme von der Regel, dass der Gemeinderat nur in einer Sitzung beraten und beschließen kann, ist das **Offenlegungsverfahren.** Dieses ist ebenfalls nur bei einfachen Angelegenheiten zulässig. Die Offenlegung eignet sich insbesondere für solche Gegenstände, die in Listen oder Akten niedergelegt und deren Unterlagen umfangreich sind, z. B. Rechnungsakten.

Auch das Offenlegungsverfahren ist vom Vorsitzenden durch einen schriftlichen Antrag mit Begründung einzuleiten. Für das Offenlegungsverfahren gibt es zwei Möglichkeiten: Offenlegung in einer Sitzung oder außerhalb einer Sitzung. In der Sitzung können die Gegenstände, über die im Wege der Offenlegung beschlossen werden soll, nach Aufführung in der Tagesordnung im Sitzungsraum oder einem anderen geeigneten Raum zur Einsichtnahme durch die Gemeinderäte aufgelegt werden. Außerhalb einer Sitzung kann die Offenlegung derart geschehen, dass die Gemeinderäte schriftlich darauf hingewiesen werden, dass die Gegenstände während einer angemessenen Frist in einem bezeichneten Raum zur Einsicht aufliegen.

Ein Beschluss im Sinne des Antrags ist beim Offenlegungsverfahren zustande gekommen, wenn während der Offenlegung in einer Sitzung oder außerhalb in der gesetzten Frist kein Gemeinderat widerspricht. Der Widerspruch kann mündlich oder schriftlich erfolgen. Wird widersprochen, so kann die Angelegenheit nur in einer Sitzung weiterbehandelt werden.

Beendigung der Sitzung

Wie die Sitzung nur durch den Vorsitzenden eröffnet werden kann, so kann sie auch nur durch diesen geschlossen werden. Eine Sitzung wird regelmäßig geschlossen, wenn die Tagesordnung abgewickelt ist oder schon früher, wenn vom Gemeinderat die Vertagung der Sitzung beschlossen wird. Sie ist zu schließen, wenn der Gemeinderat nicht mehr beschlussfähig ist oder die Verhandlungen so gestört werden, dass sie nicht mehr ordnungsgemäß weitergeführt werden können.

Zu unterscheiden von der endgültigen Schließung einer Sitzung ist ihre **Unterbrechung** durch Beschluss des Gemeinderats oder auf Entscheidung des Vorsitzenden.

Niederschrift

Über alle öffentlichen und nichtöffentlichen Verhandlungen des Gemeinderats ist eine fortlaufende Niederschrift zu führen (§ 38 Gemeindeordnung). In diese ist der wesentliche Verlauf und das Ergebnis der Verhandlungen aufzunehmen. Die Niederschrift ist vom Schriftführer zu fertigen. Schriftführer kann der Bürgermeister, ein Gemeindebediensteter, ein Gemeinderat oder eine sonstige Person sein.

In die Niederschrift sind **mindestens aufzunehmen** der Name des Vorsitzenden, die Zahl der anwesenden Gemeinderäte, die Namen der fehlenden Gemeinderäte und die Gründe ihres Fehlens, die Verhandlungsgegenstände, die Anträge und die Beschlüsse mit den einzelnen Abstimmungs- und Wahlergebnissen. Auf Verlangen des Vorsitzenden oder eines Gemeinderats ist auch dessen Erklärung oder die Art seiner Stimmabgabe aufzunehmen, wenn dies in der Sitzung oder spätestens bis zur Beendigung der Sitzung von diesem verlangt wird. Weiter ist es üblich und zweckmäßig, den Beginn, die Dauer, den Ort der Sitzung, etwaige Unterbrechungen, das Abtreten befangener Personen, Ordnungsverstöße in öffentlichen oder nichtöffentlichen Verhandlungen und alle sonstigen wesentlichen Ereignisse, insbesondere grundsätzliche Ausführungen der Redner, aufzunehmen. Die Niederschrift ist keine Gültigkeitsvoraussetzung, sie gilt lediglich als Beweisvermutung, die widerlegt werden kann.

Die Niederschrift ist innerhalb eines Monats dem Gemeinderat **bekannt zu geben.** Die Form der Bekanntgabe entscheidet, falls in der Geschäftsordnung oder durch Beschluss des Gemeinderats darüber nichts bestimmt worden ist, der Bürgermeister. Gemeinderäte, die an der Sitzung teilgenommen haben, können Einwendungen gegen die Niederschrift erheben, wenn sie der Auffassung sind, die Niederschrift sei nicht richtig oder nicht vollständig abgefasst. Über die Einwendungen entscheidet der Gemeinderat.

Die Niederschrift ist vom Vorsitzenden, vom Schriftführer und von mindestens zwei Gemeinderäten, die an der Sitzung teilgenommen haben, zu **unterzeichnen.** Mit der Unterzeichnung wird bestätigt, dass die Niederschrift die Verhandlung und ihr Ergebnis richtig und vollständig wiedergibt. Die Unterzeichnung bedeutet jedoch nicht, dass der unterzeichnende Gemeinderat mit den in der Niederschrift enthaltenen Beschlüssen einverstanden ist.

Ob **Auszüge oder Abschriften** aus der Niederschrift erteilt werden und an wen, entscheidet der Bürgermeister nach Ermessen.

In die Niederschriften öffentlicher und nichtöffentlicher Sitzungen kann jeder Gemeinderat jederzeit Einsicht nehmen, auch wenn er an der Sitzung nicht teilgenommen hat, ausgenommen bei Befangenheit. Kopien von Niederschriften über nichtöffentliche Sitzungen dürfen jedoch nicht ausgehändigt werden. Dagegen haben Einwohner nur das Recht auf Einsicht in die Niederschriften über öffentliche Sitzungen und auch dies erst, wenn die Niederschrift bekannt gegeben und unterzeichnet ist.

4.3 Teilnahme sonstiger Personen

Beigeordnete sind berechtigt und bei Angelegenheiten ihres Geschäftskreises oder bei Aufforderung durch den Gemeinderat oder Anordnung durch den Bürgermeister verpflichtet, an den Sitzungen des Gemeinderats teilzunehmen. Sie haben kein Stimmrecht, können sich jedoch jederzeit zu Wort melden, weil sie mit „beratender Stimme" teilnehmen. Der Gemeinderat kann durch Beschluss verlangen, dass ein Beigeordneter seine Stellungnahme zu einer Angelegenheit vorträgt.

Ortsvorsteher sind berechtigt, mit beratender Stimme an den Sitzungen teilzunehmen.

Gemeindebedienstete müssen an Sitzungen des Gemeinderats teilnehmen, wenn dies der Gemeinderat beschließt oder der Bürgermeister anordnet; sie können teilnehmen, wenn der Bürgermeister dies zulässt. Sie können vom Bürgermeister beauftragt werden, den Sachvortrag zu übernehmen oder Auskünfte zu erteilen. Letzteres haben sie zu tun, wenn der Gemeinderat dies durch Beschluss verlangt. Im Übrigen können sie das Wort nur erhalten, wenn der Vorsitzende es ihnen erteilt. Ein Stimmrecht kommt ihnen nicht zu.

Rechtsaufsichtsbehörden können verlangen, dass sie zu Sitzungen zugelassen werden, wenn dies zur Wahrnehmung ihrer Aufsichtsbefugnisse erforderlich ist.

Bei schwierigen Angelegenheiten oder speziellen Fachfragen ist es ratsam und vielfach erforderlich, sachkundige Personen vor der Entscheidung zu hören. Der Gemeinderat kann daher beschließen, **sachkundige Einwohner und sonstige Sachverständige,** die nicht Gemeindeeinwohner sein müssen, z. B. Architekten, zu den Beratungen zuzuziehen. Er kann mit der Zuziehung auch den Bürgermeister beauftragen. Sachkundige Einwohner und Sachverständige können nicht für dauernd zugezogen werden, sondern nur für einzelne Verhandlungsgegenstände. Sie nehmen an der Sitzung nicht als Zuhörer, sondern im Beratungsteil des Sitzungsraums teil und sie haben Ausführungen zu machen, soweit sie darum gebeten werden oder dies nach der Sache erforderlich ist. Solche Personen können auch zu nichtöffentlichen Sitzungen zugezogen werden.

Der Gemeinderat kann nach seinem Ermessen bei öffentlichen Sitzungen Einwohnern und diesen gleichgestellten Personen (Gewerbetreibenden in der Gemeinde) sowie Personenvereinigungen die Möglichkeit einräumen, Fragen zu Gemeindeangelegenheiten zu stellen oder Anregungen und Vorschläge zu unterbreiten **(Fragestunde für Einwohner).** Er kann außerdem betroffenen Personen und Personengruppen Gelegenheit geben, ihre Auffassung im Gemeinderat vorzutragen **(Anhörung von Einwohnern).** Die Einzelheiten dafür sind in der Geschäftsordnung des Gemeinderats zu regeln.

4.4 Vollzug von Beschlüssen

Der Gemeinderat kann seine Beschlüsse nicht selbst vollziehen und auch nicht einzelne Gemeinderäte oder Gemeindebedienstete dazu anweisen. Zuständig für den Vollzug der Beschlüsse ist der Bürgermeister. Er kann damit Gemeindebedienstete und Bedienstete der Verwaltungsgemeinschaft beauftragen oder sonstige Personen bevollmächtigen (§ 53 Gemeindeordnung). Der Bürgermeister ist verpflichtet, Gemeinderatsbeschlüsse grundsätzlich unverzüglich auszuführen, es sei denn, dass

– der Gemeinderat etwas anderes bestimmt hat,

– sich aus der Natur der Sache eine Verzögerung ergibt,

– der Bürgermeister dem Beschluss widersprochen oder

– die Rechtsaufsichtsbehörde den Beschluss beanstandet hat.

Der Gemeinderat hat den Vollzug seiner Beschlüsse zu überwachen. Er kann sich dazu die erforderlichen Auskünfte vom Bürgermeister geben lassen. Dagegen ist es nicht Sache des Gemeinderats, die Art des Vollzugs im Einzelnen zu bestimmen, denn dies steht im Ermessen des Bürgermeisters.

Der Gemeinderat kann seine Beschlüsse ändern oder aufheben, soweit sie noch nicht vollzogen und keine Bindungen für die Gemeinde daraus entstanden sind. Nach der Ausführung kann der Gemeinderat einen Beschluss ändern oder aufheben, wenn dieser gesetzwidrig oder ein Widerruf zugelassen ist oder die Gemeinde sich einen Widerspruch vorbehalten hat.

4.5 Unterrichtung des Gemeinderats

Informationsrecht

Der Gemeinderat kann seine Aufgabe, die Ausführung seiner Beschlüsse zu überwachen und für die Beseitigung von Missständen zu sorgen, nur erfüllen, wenn er rechtzeitig, ausreichend und zutreffend über die Angelegenheiten der Gemeinde unterrichtet ist. Deshalb ist die Unterrichtung des Gemeinderats gesetzlich geregelt. Der Bürgermeister ist verpflichtet, den Gemeinderat zu unterrichten, wenn der Gemeinderat dies beschließt oder wenn ein Viertel aller Gemeinderäte (ohne Bürgermeister) dies verlangt (§ 24 Gemeindeordnung). Dieses Unterrichtungsrecht des Gemeinderats ist sachlich unbeschränkt und umfasst auch diejenigen Angelegenheiten, für die der Bürgermeister zuständig ist.

Ein Antrag der Minderheit kann mündlich während einer Sitzung oder schriftlich außerhalb davon gestellt werden. Die Unterrichtung kann durch mündlichen oder schriftlichen Bericht des Bürgermeisters oder eines von ihm beauftragten Gemeindebediensteten, durch Akteneinsicht oder durch Besichtigung an Ort und Stelle erfolgen. Die Akteneinsicht kann durch einen bereits bestehenden oder einen besonders gebildeten Ausschuss vorgenommen werden, falls sie nicht vom Gemeinderat selbst wahrgenommen wird. Anträge auf Unterrichtung sind an den Bürgermeister, nicht an einzelne Gemeindebedienstete zu richten. Zur Beantwortung muss dem Bürgermeister die dazu erforderliche Zeit zugestanden werden. Jeder Gemeinderat hat das Recht auf Einsicht in den Prüfungsbericht der überörtlichen Prüfung (§ 114 Gemeindeordnung).

Fragerecht der Gemeinderäte

Jeder Gemeinderat kann an den Bürgermeister schriftliche oder in einer Sitzung des Gemeinderats mündliche Anfragen über einzelne Angelegenheiten der Gemeinde und ihrer Verwaltung richten (§ 24 Gemeindeordnung). Die Fragen sind vom Bürgermeister binnen einer angemessenen Frist zu beantworten. Die näheren Einzelheiten hat der Gemeinderat in seiner Geschäftsordnung zu regeln.

Unterrichtungspflicht des Bürgermeisters

Der Bürgermeister ist nicht nur auf Beschluss oder Antrag verpflichtet, den Gemeinderat zu unterrichten, sondern er hat von sich aus den Gemeinderat über alle wichtigen – nicht schlechthin über alle – die Gemeinde und ihre Verwaltung betreffenden Angelegenheiten zu informieren. Bei wichtigen Planungen ist der Gemeinderat möglichst frühzeitig über die Absichten und Vorstellungen der Gemeindeverwaltung sowie laufend über den Stand und den Inhalt der Planungsarbeiten zu unterrichten (§ 43 Gemeindeordnung). Dies gilt nicht bei geheim zu haltenden Angelegenheiten. Auf welche Weise und zu welcher Zeit die Unterrichtung geschieht, liegt im Ermessen des Bürgermeisters.

5. Ausschüsse, sonstige Gremien und Zusammenschlüsse

5.1 Ausschüsse

Die Arbeit des Gemeinderats ist in größeren und mittleren Gemeinden so umfangreich, dass sie ohne Unterstützung durch Ausschüsse nicht geleistet werden kann. Ausschüsse sollen der Entlastung des Gemeinderats dienen und eine schnelle, einfache Erledigung der Angelegenheiten bewirken. Beschließende Ausschüsse treten dabei an die Stelle des Gemeinderats.

Ausschüsse sind in allen Gemeinden zulässig. Ob und welche Ausschüsse der Gemeinderat bildet und welche Zuständigkeiten er diesen überträgt, steht grundsätzlich in seinem Ermessen und richtet sich nach den örtlichen Bedürfnissen, der Größe und Zusammensetzung des Gemeinderats, dem Umfang der Verwaltungstätigkeit etc. Ausschüsse können vom Gemeinderat jederzeit gebildet, geändert und aufgehoben werden. Nur ausnahmsweise ist die Gemeinde verpflichtet, bestimmte Ausschüsse zu bilden, z.B. für Gemeindewahlen den Gemeindewahlausschuss. Üblich sind Verwaltungs-, Personal-, Finanz-, Bau-, Wirtschafts-, Kultur-, Sport- und Schulausschüsse etc.

Beschließende Ausschüsse

Beschließende Ausschüsse, die an Stelle des Gemeinderats entscheiden, muss der Gemeinderat in der **Hauptsatzung** bestimmen, wenn ihnen Aufgaben zur dauernden Erledigung übertragen werden sollen. Beschließende Ausschüsse zur Erledigung einzelner Angelegenheiten, also mit vorübergehendem Auftrag, können auch durch **Gemeinderatsbeschluss** gebildet werden. Den Ausschüssen können bestimmte Aufgaben und Aufgabengebiete zur selbstständigen Erledigung übertragen werden. Besonders wichtige Entscheidungen sind jedoch dem Gemeinderat vorbehalten. Solche nicht übertragbaren Angelegenheiten sind im Gesetz abschließend aufgeführt (§ 39 Abs. 2 Gemeinde-ordnung).

Beispiele:
- Bestellung der Stellvertreter des Bürgermeisters,
- Erlass von Satzungen oder der Polizeiverordnung,
- Festsetzung von Abgaben.

Vorsitzender der beschließenden Ausschüsse ist der Bürgermeister. Er kann den Vorsitz für dauernd oder für den Einzelfall auf einen Stellvertreter oder einen Beigeordneten sowie – wenn alle Stellvertreter oder Beigeordneten verhindert sind – auch an ein Mitglied des Ausschusses, das dem Gemeinderat angehört, übertragen. Er kann den Vorsitz auch jederzeit wieder formlos an sich ziehen.

Beschließende Ausschüsse bestehen aus dem Vorsitzenden und **mindestens vier Mitgliedern** (Gemeinderäten). Die Mitglieder und **Stellvertreter** wählt der Gemeinderat widerruflich aus seiner Mitte. Die Wahl findet nach jeder regelmäßigen Gemeinderatswahl statt. Wenn keine Einigung über die Besetzung der Ausschüsse erzielt wird, werden die Mitglieder des Ausschusses von den Gemeinderäten nach den Grundsätzen der Verhältniswahl gewählt. Wird kein oder nur ein gültiger Wahlvorschlag eingereicht, findet die Wahl nach den Grundsätzen der Mehrheitswahl statt, wobei keine Bindung an einen Wahlvorschlag besteht.

In beschließende Ausschüsse können durch den Gemeinderat **sachkundige Einwohner als ständige Mitglieder** mit beratender Stimme zugewählt werden; ihre Zahl muss geringer sein als die Zahl der Gemeinderäte als Mitglieder. Diese Mitglieder müssen nicht die Voraussetzungen für die Wählbarkeit in den Gemeinderat besitzen. Die Zugewählten können sich jederzeit zu Wort melden. Bei der Feststellung der Beschlussfähigkeit und des Beschlussergebnisses zählen sie nicht mit. Sie haben kein Stimmrecht. Unabhängig davon können in einzelnen Angelegenheiten sachkundige Einwohner oder Sachverständige zugezogen werden.

Beschließende Ausschüsse entscheiden selbstständig anstelle des Gemeinderats. Sie können einzelne Angelegenheiten von besonderer Bedeutung für die Gemeinde an den Gemeinderat **abgeben;** wenn es in der Hauptsatzung vorgesehen ist, kann dies schon ein Viertel der stimmberechtigten Mitglieder des Ausschusses verlangen. Der Gemeinderat kann solche Angelegenheiten jedoch wieder an den Ausschuss **zurückverweisen.** In der Hauptsatzung kann sich der Gemeinderat ferner vorbehalten, einem Ausschuss allgemein oder im Einzelfall Weisungen zu erteilen, einzelne Angelegenheiten **an sich zu ziehen** und Beschlüsse des Ausschusses zu **ändern oder aufzuheben,** solange diese noch nicht vollzogen sind. Angelegenheiten, für deren Entscheidung der Gemeinderat zuständig ist, sollen den beschließenden Ausschüssen innerhalb ihres Aufgabengebiets zur **Vorberatung** überwiesen werden; in der Hauptsatzung kann bestimmt werden, dass solche Anträge, die nicht von einem Ausschuss vorberaten worden sind, auf Antrag des Vorsitzenden oder eines Fünftels der Mitglieder des Gemeinderats dem Ausschuss zur Vorberatung überwiesen werden müssen.

Für die Verhandlungen der Ausschüsse gelten die Vorschriften über die Verhandlungen des Gemeinderats entsprechend. Die Ausschüsse haben keine eigene Geschäftsordnung, für sie gilt die Geschäftsordnung des Gemeinderats, die jedoch besondere Vorschriften für die Ausschüsse enthalten kann. Sitzungen, die der Vorbereitung von Gemeinderatssitzungen dienen, sind in der Regel nichtöffentlich, der Ausschuss kann aber nach Ermessen auch eine öffentliche Verhandlung beschließen, soweit nicht Gründe eine nichtöffentliche Verhandlung erfordern. Gemeinderäte, die nicht als ordentliche Mitglieder und auch nicht als Stellvertreter für verhinderte ordentliche Mitglieder an den Sitzungen des Ausschusses teilnehmen, sind berechtigt, an den öffentlichen und nichtöffentlichen Sitzungen der Ausschüsse als Zuhörer teilzunehmen, um sich über die Gemeindeangelegenheiten zu unterrichten. Ist ein Ausschuss wegen Befangenheit seiner Mitglieder beschlussunfähig, so entscheidet an seiner

Stelle nicht der Bürgermeister, sondern der Gemeinderat. Der Ausschluss von Ausschussmitgliedern von künftigen Sitzungen kann nicht vom Ausschuss, sondern nur vom Gemeinderat beschlossen werden; der Ausschluss von künftigen Sitzungen des Gemeinderats gilt auch für Sitzungen der Ausschüsse. Widerspricht der Bürgermeister einem Beschluss eines Ausschusses, so verhandelt nicht der Ausschuss erneut darüber, sondern die Entscheidung geht auf den Gemeinderat über.

Beratende Ausschüsse

In der Bildung und Zusammensetzung beratender Ausschüsse ist der Gemeinderat frei. Es bestehen keine gesetzlichen Vorschriften über die Mindestzahl der Mitglieder, über das Verfahren bei der Bildung der Ausschüsse sowie der Besetzung der Sitze. Beratende Ausschüsse können durch die Hauptsatzung, durch andere Satzungen oder durch Gemeinderatsbeschlüsse gebildet, geändert und aufgehoben werden. Den Vorsitz führt ebenfalls der Bürgermeister; er kann damit für ständig oder für den Einzelfall einen Stellvertreter, einen Beigeordneten oder ein Mitglied des Ausschusses, das dem Gemeinderat angehört, damit beauftragen und den Vorsitz wieder jederzeit formlos an sich ziehen. Beigeordnete als Vorsitzende haben Stimmrecht. Die Wahl der Mitglieder beratender Ausschüsse erfolgt zweckmäßigerweise wie bei beschließenden Ausschüssen, damit das Verhältnis der Wählervereinigungen (Fraktionen) auch hierbei gewahrt bleibt. Stellvertreter können, müssen jedoch nicht bestellt werden. Beratende Ausschüsse haben keine Entscheidungskompetenzen, sondern lediglich Entscheidungen des Gemeinderats **vorzuberaten.** Beschlüsse der beratenden Ausschüsse sind Empfehlungen an den Gemeinderat. Der Gemeinderat ist an die Beschlüsse der Ausschüsse nicht gebunden.

Für die Verhandlungen gelten die Vorschriften für die Verhandlungen im Gemeinderat entsprechend. Sitzungen beratender Ausschüsse sind in der Regel nichtöffentlich, doch kann der Ausschuss nach seinem Ermessen beschließen, öffentlich zu verhandeln; dies gilt nicht, wenn nach § 35 Gemeindeordnung nichtöffentlich zu verhandeln ist. Ist ein beratender Ausschuss wegen Befangenheit beschlussunfähig, so entscheidet der Gemeinderat ohne Vorberatung durch den Ausschuss.

Auch beratenden Ausschüssen können sachkundige Einwohner als ständige Mitglieder zugewählt werden. Diese sind antrags- und stimmberechtigt. Ihre Zahl muss jedoch geringer sein als die Zahl der Gemeinderäte im Ausschuss.

Betriebsausschuss

Für die Angelegenheiten der Eigenbetriebe kann ein beschlie-ßender Ausschuss gebildet werden. Er kann auch für mehrere Eigenbetriebe der Gemeinde gemeinsam (§ 7 Eigenbetriebsge-setz) gebildet werden. In § 8 Eigenbetriebsgesetz sind gesetzliche Mindestaufgaben festgelegt, darüber hinaus kann der Gemein-derat dem Betriebsausschuss weitere Aufgaben übertragen. Der Betriebsausschuss berät den Gemeinderat in allen Angelegen-heiten des Eigenbetriebs. Vorsitzender ist der Bürgermeister, er kann einen Stellvertreter oder Beigeordneten mit dem Vorsitz beauftragen. Die Betriebsleitung ist berechtigt, an den Sitzun-gen des Betriebsausschusses teilzunehmen.

5.2 Bezirksbeirat

In Gemeinden mit mehr als 100 000 Einwohnern und in Gemein-den mit räumlich getrennten Ortsteilen können durch Hauptsat-zung Gemeindebezirke (Stadtbezirke) gebildet werden. Dadurch soll das örtliche Gemeinschaftsleben und die ortsnahe Aufgabenerfüllung gefördert werden. Die Zahl und Abgrenzung der Bezirke bestimmt der Gemeinderat nach Ermessen. Mehrere benachbarte Ortsteile können dabei zu einem Gemeindebezirk zusammengefasst werden. Für die Gemeindebezirke können Bezirksbeiräte gebildet werden. Die Mitglieder des Bezirksbei-rats werden vom Gemeinderat nach jeder regelmäßigen Wahl zum Gemeinderat aus dem Kreis der im Gemeindebezirk wohnenden, zum Gemeinderat wählbaren Bürger bestellt. Ein besonderes Wahlverfahren ist nicht vorgeschrieben, bei der Bestellung soll jedoch das Abstimmungsergebnis der letzten regelmäßigen Gemeinderatswahl im Gemeindebezirk berücksichtigt werden, sodass sich eine Verhältniswahl wie bei den beschließenden Ausschüssen empfiehlt. Die Bezirksbeiräte sind ehrenamtlich tätig. Vorsitzender des Bezirksbeirats ist der Bürgermeister, der mit dem Vorsitz Beigeordnete, Gemeindebedienstete, Gemeinderäte oder Bezirksbeiräte allgemein oder für den Einzelfall beauftragen kann. Für den Geschäftsgang gilt die Geschäftsordnung des Gemeinderats entsprechend. Die Sitzungen sind in der Regel nichtöffentlich.

Der Bezirksbeirat hat nach dem Gesetz nur beratende Aufgaben. Der Gemeinderat kann ihm keine weiteren Aufgaben übertragen. Der Bezirksbeirat ist vom Gemeinderat oder vom Bürgermeister zu wichtigen Angelegenheiten, die den Gemeindebezirk betreffen, zu hören und er hat ferner die Aufgabe, die örtliche Verwaltung des Gemeindebezirks in allen wichtigen Angelegenheiten zu beraten.

In Gemeinden mit mehr als 100 000 Einwohnern kann der Gemeinderat durch Hauptsatzung weiter bestimmen, dass die Bezirksbeiräte durch Volkswahl ermittelt werden. In diesem Fall sind Bezirksvorsteher zu wählen und es können auf den Bezirksbeirat Entscheidungsbefugnisse für örtliche Angelegenheiten übertragen werden. Die Vorschriften für Ortschaften gelten entsprechend.

5.3 Ortschaftsrat

In Gemeinden mit räumlich getrennten Ortsteilen können durch die Hauptsatzung Ortschaften gebildet und die Ortschaftsverfassung eingeführt werden. Dabei ist ein Ortschaftsrat zu bilden, dessen Mitglieder (Ortschaftsräte) von den zur Gemeinderatswahl wahlberechtigten Bürgern der Ortschaft gleichzeitig mit dem Gemeinderat nach den für die Gemeinderatswahl geltenden

Grundsätzen gewählt werden. Auch bei der Wahl des Ort-schaftsrats ist eine unechte Teilortswahl zulässig (vgl. Abschnitt 3.2 – Wahlverfahren). Die Ortschaftsräte sind ehren-amtlich tätig, ihre Amtszeit beträgt fünf Jahre und sie haben dieselbe Rechtsstellung wie die Gemeinderäte. Vorsitzender ist der Ortsvorsteher; Bürgermeister und Beigeordnete sind berech-tigt, an den Sitzungen teilzunehmen, ebenso mit beratender Stimme die Gemeinderäte aus der Ortschaft bzw. dem Wohnbe-zirk, die nicht dem Ortschaftsrat angehören.

Der Ortschaftsrat ist kein Ausschuss des Gemeinderats. Er hat nach dem Gesetz u. a. **beratende Aufgaben**. Hierzu zählen die Beratung der örtlichen Verwaltung, die Anhörung durch den Gemeinderat und den Bürgermeister in wichtigen Angelegen-heiten, die die Ortschaft betreffen, und ein Vorschlagsrecht gegenüber dem Gemeinderat und dem Bürgermeister in allen Angelegenheiten, die die Ortschaft betreffen. Darüber hinaus kann der Gemeinderat dem Ortschaftsrat **beschließende Zuständigkeiten** übertragen. Dies muss in der Hauptsatzung geschehen. Ein Weisungs- und ein Rückholrecht des Gemeinde-rats und ein Abgaberecht des Ortschaftsrats kann nicht wie bei beschließenden Ausschüssen vorgeschrieben werden. Bei seinen Entscheidungen ist der Ortschaftsrat an die Richtlinien des Gemeinderats, insbesondere den Haushaltsplan und den Stel-lenplan gebunden. Auf den Ortschaftsrat können nur bestimmte Angelegenheiten übertragen werden, die die Ortschaft betreffen. Außer den in § 39 Gemeindeordnung aufgeführten Angelegen-heiten sind auch vorlage- oder genehmigungspflichtige Ange-legenheiten nicht übertragbar.

5.4 Beirat für geheim zu haltende Angelegenheiten

Für Angelegenheiten, die nach gesetzlichen Vorschriften oder besonderen Anweisungen der zuständigen Behörden geheim zu halten sind, insbesondere Angelegenheiten der Landesverteidi-gung, kann der Gemeinderat nach Bedarf einen Beirat bilden, der den Bürgermeister in diesen Angelegenheiten berät. Die Mitglieder werden aus der Mitte des Gemeinderats vom Gemeinderat gewählt, sie müssen besonders auf die Geheimhaltungsvorschriften verpflichtet werden. Der Beirat besteht aus einer nach der Einwohnergröße der Gemeinde gestuften Zahl von Mitgliedern. Vorsitzender ist der Bürgermeister. Die Sitzungen sind nichtöffentlich.

5.5 Ältestenrat

Durch die Hauptsatzung kann der Gemeinderat einen Ältestenrat bilden. Er hat die Aufgabe, den Bürgermeister in Fragen der Tagesordnung und des Gangs der Verhandlungen des Gemeinderats zu beraten. Vorsitzender des Ältestenrats ist der Bürgermeister. Seine Zusammensetzung (Zahl der Mitglieder, Verfahren für die Besetzung), der Geschäftsgang und die Aufgaben sind – wenn die Hauptsatzung einen Ältestenrat vorsieht – in der Geschäftsordnung des Gemeinderats zu regeln. Zur Bestimmung der Aufgaben des Ältestenrats ist das Einvernehmen des Bürgermeisters erforderlich.

5.6 Fraktionen

Fraktionen werden in der Gemeindeordnung nicht erwähnt, ihre Existenz ist jedoch anerkannt und weit verbreitet. Es handelt sich dabei um freiwillige Zusammenschlüsse politisch gleich gesinnter Mandatsträger. Die Gemeinderäte haben ein Recht auf die Bildung einer Fraktion. Der Gemeinderat kann den Fraktionen durch Satzung oder Geschäftsordnung besondere Rechte einräumen. Als typische Fraktionsrechte gelten:

– Antragsrecht auf Aufnahme eines Verhandlungsgegenstandes in die Tagesordnung des Gemeinderats,

– Rederechte in Abhängigkeit der Fraktionsstärke,

– Recht auf Übersendung von Gemeinderatsprotokollen an die Fraktionsvorsitzenden.

5.7 Jugendgemeinderat

Die Einrichtung eines Jugendgemeinderates stellt neben Jugendforen oder der Jugendverbandsarbeit eine weitere Form der Beteiligung der Jugendlichen am kommunalpolitischen Geschehen in der Gemeinde dar. In Jugendgemeinderäten sollen Jugendliche ihre Interessen und Probleme artikulieren können, für ein ehrenamtliches Engagement interessiert werden und Gelegenheit erhalten, ihr Wissen über Politik und Kommunalverwaltung zu erweitern.

Jugendgemeinderäte sind keine Ausschüsse des Gemeinderates. Es können keine Entscheidungskompetenzen übertragen werden. Der Geschäftsgang, Vorsitz etc. kann durch Richtlinien des Gemeinderats, in der Geschäftsordnung des Gemeinderats oder durch den Jugendgemeinderat selbst bestimmt werden. In der Regel übernimmt der Bürgermeister den Vorsitz.

Es besteht für die Gemeinden keine Pflicht, Jugendgemeinderäte einzurichten. Die Gemeinde hat frei zu entscheiden, ob die Einrichtung eines solchen Gremiums die geeignete Beteiligungsform der Jugendlichen darstellt. Alternativ oder ergänzend kann durch Geschäftsordnung die Beteiligung von Mitgliedern der Jugendvertretung an den Sitzungen des Gemeinderats in Jugendangelegenheiten geregelt werden, z. B. durch Vorschlags- oder Anhörungsrechte.

6. Bürger und Gemeinde

Selbstverwaltung der Gemeinden setzt eine Mitwirkung der Bürger voraus. Die verantwortliche Teilnahme an der bürgerschaftsnahen Verwaltung der Gemeinde ist Recht und Pflicht des Bürgers. Der Beteiligung des Bürgers an den gemeindlichen Angelegenheiten kommt auch aus dem Grundgedanken der Demokratie heraus eine wachsende Bedeutung zu.

Für die Beteiligung des Bürgers sind viele Formen und Wege möglich und vorgesehen: Gemeindewahlen (Gemeinderat, Bürgermeister, Ortschaftsrat), ehrenamtliche Tätigkeit, Bürgerantrag, Bürgerbegehren und Bürgerentscheid. Wichtige Voraussetzung für eine sinnvolle Beteiligung ist die Unterrichtung der Bürgerschaft. Dazu dienen vor allem Bürgerversammlungen und die Auslegung wichtiger Angelegenheiten, z.B. Haushaltsplan. Teils ist gesetzlich auch ein Anhörungsverfahren vorgesehen, z.B. bei Gemeindegebietsänderungen.

6.1 Ehrenamtliche Tätigkeit

Die Gemeindebürger sind verpflichtet, auf Verlangen der Gemeinde für diese ehrenamtlich tätig zu werden. Zur ehrenamtlichen Tätigkeit rechnet außer der Tätigkeit als Gemeinderat und als Ortschaftsrat eine Tätigkeit als Ehrenbeamter, z.B. ehrenamtlicher Bürgermeister, Ortsvorsteher und auch eine nur vorübergehende Tätigkeit (ehrenamtliche Mitwirkung), z.B. bei Wahlen oder statistischen Erhebungen. Die Bürger können eine ehrenamtliche Tätigkeit, zu der sie von der Gemeinde bestellt werden, nur ablehnen oder niederlegen, wenn sie dafür einen wichtigen persönlichen Grund haben (vgl. Abschnitt 2.1 – Ausscheiden aus dem Gemeinderat). Andernfalls kann der Gemeinderat sie mit einem Ordnungsgeld belegen.

Die Rechte und Pflichten der ehrenamtlich Tätigen sind in Abschnitt 2.2 und 2.3 dargestellt.

6.2 Bürgerschaftliche Mitwirkung

Bürgerentscheid

Der Gemeinderat kann mit einer Mehrheit von zwei Dritteln aller Mitglieder beschließen, dass eine Angelegenheiten des Wirkungskreises der Gemeinde, für die der Gemeinderat zuständig ist, der Entscheidung durch die Bürger unterstellt wird. Der Gemeinderat gibt damit seine Verantwortung ab. Bürgerentscheide fördern das Interesse der Bürgerschaft an der Verwaltung. Als Beispiele können Straßenplanungen, Baumaßnahmen der Gemeinde, Schließung öffentlicher Einrichtungen etc. einem Bürgerentscheid unterstellt werden. Ausgenommen sind kraft Gesetzes

- Fragen der inneren Organisation der Gemeindeverwaltung;
- Rechtsverhältnisse der Gemeinderäte, des Bürgermeisters und der Gemeindebediensteten;
- Weisungsaufgaben und Angelegenheiten, die kraft Gesetzes dem Bürgermeister zustehen;
- Haushaltssatzung, Wirtschaftspläne der Eigenbetriebe, Kommunalabgaben, Tarife und Entgelte;
- Feststellung der Jahresrechnung der Gemeinde und der Jahresabschlüsse der Eigenbetriebe;
- Bauleitpläne und örtliche Bauvorschriften;
- Entscheidungen über Rechtsmittel.

Vor dem Bürgerentscheid muss den Bürgern die vom Gemeinderat und vom Bürgermeister zu der anstehenden Frage vertretene Auffassung dargelegt werden. Bei einem Bürgerentscheid ist die gestellte Frage in dem Sinne entschieden, in dem sie von der Mehrheit der gültigen abgegebenen Stimmen beantwortet wurde. Diese Mehrheit muss aber mindestens 25 Prozent der stimmberechtigten Bürger der Gemeinde betragen. Bei Stimmengleichheit gilt die gestellte Frage als mit Nein beantwortet. Ist die erforderliche Zahl gültiger Stimmen nicht zustande gekommen, hat der Gemeinderat die Angelegenheit zu entscheiden. Der Bürgerentscheid hat dieselbe Wirkung wie ein Gemeinderatsbeschluss. Er kann innerhalb der nächsten drei Jahre nur durch einen neuen Bürgerentscheid geändert werden.

Bürgerbegehren

Über Angelegenheiten des Wirkungskreises der Gemeinde, für die der Gemeinderat zuständig ist, kann die Bürgerschaft einen Bürgerentscheid beantragen. Es muss von mindestens zehn Prozent der stimmberechtigten Bürger der Gemeinde unterzeichnet sein, höchstens jedoch in Gemeinden mit nicht mehr als 50 000 Einwohner von 2500 Bürgern, in Gemeinden mit mehr als 50 000 Einwohner bis 100 000 Einwohner von 5000 Bürgern, mit mehr als 100 000 Einwohner bis 200 000 Einwohner von 10 000 Bürgern und bei größeren Gemeinden von 20 000 Bürgern. Der Antrag muss die zu entscheidende Frage und eine Begründung sowie einen nach den gesetzlichen Bestimmungen durchführbaren Vorschlag zur Finanzierung der Maßnahmen enthalten. Richtet sich ein Bürgerbegehren gegen einen Beschluss des Gemeinderats, so muss es innerhalb von sechs Wochen nach Bekanntgabe dieses Beschlusses eingereicht sein. Ein Bürgerentscheid aufgrund eines Bürgerbegehrens ist unzulässig, wenn über dieselbe Angelegenheit innerhalb der letzten drei Jahre ein Bürgerentscheid aufgrund eines Bürgerbegehrens durchgeführt worden ist. Über die Zulässigkeit eines Bürgerbegehrens entscheidet der Gemeinderat. Ein Bürgerbegehren entfällt, wenn der Gemeinderat die Durchführung der mit dem Bürgerbegehren verlangten Maßnahme beschließt.

Bürgerantrag

Eine weitere Möglichkeit zur bürgerschaftlichen Mitwirkung ist der Bürgerantrag. 30 vom Hundert der für ein Bürgerbegehren erforderlichen Anzahl von Bürgern können schriftlich verlangen, dass der Gemeinderat eine bestimmte Angelegenheit behandelt.

Unterrichtung der Einwohner

Der Gemeinderat unterrichtet durch den Bürgermeister die Einwohnerschaft über wichtige Angelegenheiten der Gemeinde und sorgt für die Förderung des allgemeinen Interesses an der Gemeindeverwaltung. Bei wichtigen Planungen und Vorhaben der Gemeinde, die unmittelbar raum- oder entwicklungsbedeutsam sind oder das wirtschaftliche, soziale und kulturelle Wohl ihrer Einwohner nachhaltig berühren, sollen die Einwohner möglichst frühzeitig über die Grundlagen sowie die Ziele, Zwecke und Auswirkungen unterrichtet werden. Sofern dafür ein besonderes Bedürfnis besteht, soll den Einwohnern allgemein Gelegenheit zur Äußerung gegeben werden. Sondergesetzliche Vorschriften, wie etwa nach dem Baugesetzbuch, bleiben unberührt. Diese Öffentlichkeitsarbeit liegt im Interesse der Beteiligung des Bürgers an der kommunalen Selbstverwaltung, ihr kommt eine wachsende Bedeutung zu. Die Unterrichtung der Einwohnerschaft kann auf vielerlei Art und Weise geschehen: öffentliche Gemeinderatssitzungen, Amtsblatt, Tagespresse, Verwaltungsberichte, sonstige Veröffentlichungen, Bürgerversammlungen.

Bürgerversammlungen

Bürgerversammlungen soll der Gemeinderat anberaumen, wenn die Erörterung wichtiger Angelegenheiten mit den Einwohnern erforderlich ist. Ein bestimmter Zeitraum ist nicht vorgeschrieben, es soll aber jährlich eine Bürgerversammlung stattfinden. Der Gemeinderat hat eine Bürgerversammlung anzuberaumen, wenn dies von der Bürgerschaft beantragt wird. Der Antrag muss schriftlich eingereicht werden und die zu erörternden Angelegenheiten angeben. Der Antrag darf nur Angelegenheiten enthalten, die innerhalb des letzten Jahres nicht bereits Gegenstand einer Bürgerversammlung waren. Er muss von mindestens 10 vom Hundert der stimmberechtigten Bürger unterzeichnet sein, höchstens jedoch in Gemeinden mit nicht mehr als 50 000 Einwohnern von 1250 Bürgern, mit mehr als 50 000 bis 100 000

Einwohnern von 2500 Bürgern, mit mehr als 100 000 bis 200 000 Einwohner von 5000 Bürgern und in größeren Gemeinden von 10 000 Bürgern. Die Versammlung wird vom Bürgermeister einberufen. Er gibt Zeit, Ort und Tagesordnung rechtzeitig ortsüblich bekannt. Den Vorsitz führt der Bürgermeister oder ein von ihm bestimmter Vertreter. Die Teilnahme kann durch den Gemeinderat auf Einwohner beschränkt werden. Das Wort können nur Einwohner erhalten. Der Vorsitzende kann Ausnahmen zulassen. In größeren Gemeinden können Bürgerversammlungen auf Teile des Gemeindegebiets (Stadtteile, Gemeindebezirke, Ortschaften) beschränkt werden. Für Ortschaften kann der Ortschaftsrat Bürgerversammlungen beschließen. Die Vorschläge und Anregungen, die in einer Bürgerversammlung gemacht werden, sollen innerhalb von drei Monaten von dem zuständigen Organ der Gemeinde (Gemeinderat, beschließender Ausschuss, Bürgermeister) weiterbehandelt werden.

7. Grundlagen der kommunalen Finanzwirtschaft

Die Gemeinden haben im Rahmen ihrer Aufgabenerfüllung zahlreiche Maßnahmen durchzuführen, die sowohl hohe einmalige als auch laufende Ausgaben verursachen. Den meisten Entscheidungen des Gemeinderats kommen daher finanzielle Auswirkungen zu. Es stellt daher für jede Gemeinde eine besondere Herausforderung dar, zur Deckung ihrer Ausgaben die notwendigen Finanzmittel bereitzustellen. Im Rahmen ihrer kommunalen Selbstverwaltung steht den Gemeinden dabei die Finanzhoheit zu. Die Gemeinden können Abgaben verlangen und haben die Befugnis, selbstständig im Rahmen der Gesetze über die Einnahmen und Ausgaben ihrer Haushaltswirtschaft zu entscheiden.

7.1 Zusammensetzung der Einnahmen der Gemeinde

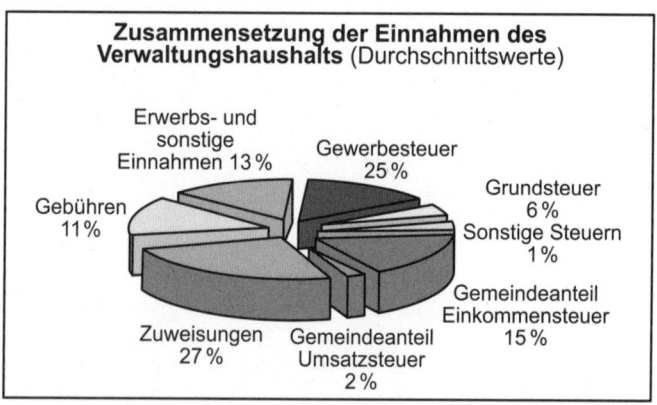

Erläuterungen:

a) Steuereinnahmen (32 %)

Die **Gewerbesteuer** zählt zu den Haupteinnahmequellen der Gemeinden. Ihre Bedeutung erlangt sie dadurch, dass der

Gemeinderat das Steueraufkommen durch die jährliche Festsetzung der Hebesätze beeinflussen kann. Die Gewerbesteuereinnahmen verbleiben nicht in voller Höhe bei der Gemeinde. Durch die Gewerbesteuerumlage sind Anteile an das Land und den Bund abzuführen.

Auch bei der **Grundsteuer** verfügt die Gemeinde über ein Hebesatzrecht. Die Grundsteuereinnahmen verbleiben in voller Höhe bei der Gemeinde. Sowohl bei der Gewerbesteuer als auch bei der Grundsteuer werden von den Finanzämtern die Besteuerungsgrundlagen festgestellt und in Form von Messbeträgen den Gemeinden mitgeteilt. Diese Messbeträge werden anschließend mit den örtlichen Hebesätzen multipliziert.

Die **sonstigen Steuern** wie z.B. Vergnügungs- oder Hundesteuer haben aus Sicht der Einnahmebeschaffung eine untergeordnete Bedeutung. Bei ihnen steht insbesondere die Lenkungsfunktion der Steuer im Vordergrund.

b) Zuweisungen (27 %)

Die Gemeinden erhalten aus dem kommunalen Finanzausgleich Zuweisungen, um Steuerkraftunterschiede zwischen den Gemeinden abzubauen, besondere Belastungen bzw. Sondersituationen auszugleichen. Vom Volumen kommt dabei den Schlüsselzuweisungen nach mangelnder Steuerkraft die größte Bedeutung zu.

c) Gemeindeanteil an der Einkommensteuer und Umsatzsteuer (17 %)

Bei der Einkommensteuer und Umsatzsteuer handelt es sich um Gemeinschaftssteuern von Bund, Land und Gemeinden. Die Steuereinnahmen werden anteilig auf diese drei Körperschaften aufgeteilt. Den Gemeinden insgesamt stehen 15 % bei der Einkommensteuer bzw. 2,2 % bei der Umsatzsteuer zu. Da diese Steuereinnahmen im Gegensatz zur Gewerbesteuer in geringerem Maße konjunkturempfindlich sind, haben sie für die Finanzwirtschaft elementare Bedeutung.

d) Gebühren (11 %)

Benutzungsgebühren werden von den Gemeinden für die Nutzung der öffentlichen Einrichtungen wie z.B. Wasserversorgung, Abwasserbeseitigung, Friedhof, Bäder etc. erhoben. Verwaltungsgebühren werden für Amtshandlungen verlangt, wie z.B. Genehmigungsgebühren.

e) Erwerbs- und sonstige Einnahmen (13 %)

Hierzu zählen insbesondere Mieten, Pachterträge, Konzessionsabgaben, Dividenden etc.

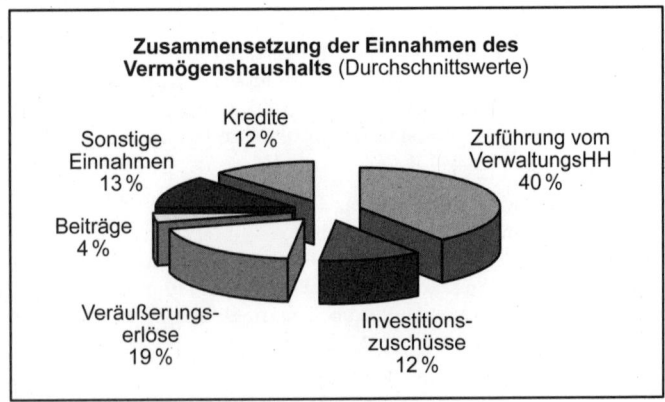

Zusammensetzung der Einnahmen des Vermögenshaushalts (Durchschnittswerte)

Kredite 12 %
Sonstige Einnahmen 13 %
Zuführung vom VerwaltungsHH 40 %
Beiträge 4 %
Veräußerungserlöse 19 %
Investitionszuschüsse 12 %

Erläuterungen:

a) Zuführung vom Verwaltungshaushalt (40 %)

Die Überschüsse der laufenden Einnahmen über die laufenden Ausgaben stehen für die Finanzierung der Ausgaben im Vermögenshaushalt zur Verfügung. Die Höhe der Zuführung ist ein Gradmesser für die finanzielle Leistungsfähigkeit. Die Zuführung dient vorrangig der Deckung der Tilgungs- und Kreditbeschaffungskosten. Der verbleibende Betrag der Zuführung steht als Nettoinvestitionsrate zur Finanzierung der Investitionen zur Verfügung.

b) Investitionzuschüsse (12 %)

Im Rahmen des kommunalen Finanzausgleichs werden durch verschiedenste Förderprogramme kommunale Investitionen unterstützt, so z. B. Abwasserbeseitigung, Straßenbau, Schulhausbau etc. Für finanzschwache Gemeinden stehen ergänzend Mittel aus dem Ausgleichsstock zur Verfügung, aus dem insbesondere strukturschwache Gemeinden unterstützt werden können.

c) Veräußerungserlöse (19 %)

Die Gemeinde kann Vermögen veräußern, wenn sie es zur Erfüllung ihrer Aufgaben nicht mehr benötigt. Insbesondere im Rahmen der Bodenpolitik ist es anerkannt, dass die Gemeinden Bestände an Grundvermögen als Ersatz- bzw. Tauschgelände vorhalten. Sie können diese Vermögen veräußern, um einmalig Maßnahmen des Vermögenshaushalts zu finanzieren.

d) Beiträge (4 %)

Für die Straßenerschließung, öffentliche Wasserversorgung und Abwasserbeseitigung können die Gemeinde zur teilweisen Deckung ihrer Herstellungskosten von Grundstückseigentümern Beiträge erheben.

e) Sonstige Einnahmen/Rücklagenentnahme (13 %)

Überschüsse des Vermögenshaushalts werden der allgemeinen Rücklage zugeführt, mit deren Hilfe die Finanzierung von künftigen Investitionen erleichtert werden soll.

f) Kredite (12 %)

Kredite sind für die Finanzierung von Investitionen im Vermögenshaushalt von besonderer Bedeutung. Sie belasten durch die Zins- und Tilgungsverpflichtungen die Haushalte künftiger Jahre.

Rangfolge der Einnahmebeschaffung

Der Gemeinde steht es nicht frei, eigenständig nach freiem Ermessen über diese Einnahmen zu verfügen. Das Gesetz stellt eine Rangfolge der Einnahmebeschaffung auf, sie ist für die Gemeinde verbindlich.

1. **Sonstige Einnahmen**

   (Zuweisungen, Zuschüsse, Gemeindanteil an Einkommensteuer und Umsatzsteuer, Vermögenserträge)

   Diese sonstigen Einnahmen sind vorrangig zu realisieren, da sie die Abgabenpflichtigen in der Gemeinde nicht belasten.

2. **Spezielle Entgelte**

   (Benutzungs- und Verwaltungsgebühren, Beiträge)

   Wer eine kommunale Leistung in Anspruch nimmt, soll auch die Kosten seines wirtschaftlichen Vorteils tragen. Die Finanzierungslast soll dem Begünstigten auferlegt werden. Damit wird vermieden, dass Nutzungsvorteile, die nur einer Minderheit zugutekommen, aus allgemeinen Deckungsmitteln bezahlt werden müssen. Dieser Vorrang der Leistungsentgelte gilt nicht unbeschränkt. Ihre Höhe muss vertretbar und geboten sein. Die Vertretbarkeit ist dabei als Obergrenze zu verstehen. Aus sozialstaatlichen Gründen bzw. aus dem öffentlichen Interesse heraus können insbesondere Entgelte für Kindergärten, Musikschulen und kulturelle Einrichtungen nicht kostendeckend festgesetzt werden. „Geboten" heißt, dass aus Gründen der Einnahmeerzielung und des Äquivalenzprinzips eine Mindestgebühr verlangt wird. Die Gemeinderat hat im Einzelfall abzuwägen, welcher Kostendeckungsgrad angestrebt wird.

3. **Steuern**

   (Gewerbe- und Grundsteuer, sonstige Steuern)

   Steuern haben subsidiären Charakter. Dem Abgabenpflichtigen steht keine konkrete Gegenleistung gegenüber. Daher ist auf eine ausgewogene Relation zwischen den Steuern und den übrigen Einnahmen zu achten. Steuern dürfen nur in der Höhe verlangt werden, wie es die wirtschaftlichen Kräfte der Abgabenpflichtigen zulassen. Dieser Gesichtspunkt ist vom Gemeinderat bei der Festsetzung der Hebesätze zu berücksichtigen.

4. Kredite

Kredite stellen eine Vorausbelastung künftiger Haushaltsjahre dar. Die damit verbundenen Tilgungs- und Zinszahlungen beschränken den finanziellen Gestaltungsspielraum der Zukunft. Sie sollen nur in Anspruch genommen werden, wenn eine andere Finanzierung nicht möglich bzw. unzweckmäßig wäre. Gemeinden sind jedoch mit wenigen Ausnahmen zur Finanzierung ihrer Investitionen auf Kreditaufnahmen angewiesen.

Aus Gründen der Belastung der finanziellen Leistungsfähigkeit dürfen die Gemeinden Kredite nicht unbegrenzt aufnehmen. Es gelten folgende Voraussetzungen:

Kredite sind nur zugelassen,

- für **Investitionen, Investitionsförderungsmaßnahmen** (Zuschüsse an Dritte für Investitionen) und zur **Umschuldung,** soweit keine anderen Einnahmen zur Verfügung stehen. Sie dürfen nicht für Zwecke des Verwaltungshaushalts, zur ordentlichen Tilgung von Krediten und zur Abdeckung von Fehlbeträgen früherer Haushaltsjahre verwendet werden. Kreditaufnahmen sind im Vermögenshaushalt zu veranschlagen. Nach dem Gesamtdeckungsgrundsatz werden Kredite nicht auf die einzelnen Vorhaben aufgeschlüsselt;
- wenn eine **andere Finanzierung nicht möglich ist oder** eine solche **wirtschaftlich unzweckmäßig** wäre;
- bis zur **Höhe der Leistungsfähigkeit der Gemeinde,** um die Lasten für Zins und Tilgung tragen zu können.

Wegen ihrer Auswirkungen auf den Gemeindehaushalt unterliegen Kreditaufnahmen besonderen gesetzlichen Verfahrensvorschriften. Der Höchstbetrag der im Haushaltsjahr vorgesehenen Kreditaufnahmen muss in der Haushaltssatzung vorgesehen werden und bedarf der **Genehmigung** durch die Rechtsaufsichtsbehörde. Diese Genehmigung kann unter dem Gesichtspunkt einer geordneten Wirtschaftsführung erteilt oder versagt werden; sie ist in der Regel zu versagen, wenn die Kreditverpflichtungen mit der dauernden Leistungsfähigkeit der Gemeinde nicht in Einklang stehen.

7.2 Haushaltsplanung

Die Haushaltsplanung der Gemeinde ist Grundlage der Wirtschaftsführung. Im **Haushaltsplan** werden alle im Haushaltsjahr voraussichtlich eingehenden Einnahmen den zu leistenden Ausgaben gegenübergestellt. Es gilt das Gebot des Haushaltsausgleichs. Einnahmen und Ausgaben müssen gleich hoch sein. Dadurch wird die stetige Aufgabenerfüllung der Gemeinde gesichert.

Haushaltssatzung und Haushaltsplan werden vom Gemeinderat verabschiedet. Er bestimmt damit über die Art und das Maß der Aufgabenerledigung und deren Finanzierung. Der Haushaltsplan stellt für die Verwaltung eine Ermächtigung dar. Es werden damit keine Forderungen oder Verbindlichkeiten begründet.

Der Vollzug des Haushaltsplans erfolgt im Rahmen der **Bewirtschaftung** der Ansätze. Das Recht, darüber zu entscheiden, ob und in welcher Höhe im Rahmen der Haushaltsansätze nach außen Verbindlichkeiten begründet und Forderungen erhoben werden, liegt grundsätzlich beim Gemeinderat. Er kann dieses Recht auf Ausschüsse, den Ortschaftsrat oder den Bürgermeister übertragen. Handelt es sich um Geschäfte der laufenden Verwaltung, ist der Bürgermeister für die Verwendung der Haushaltsmittel zuständig.

Um den Haushaltsausgleich zu sichern, ist besonders Wert darauf zu legen, dass die veranschlagten Einnahmen auch vollständig und rechtzeitig eingehen, ihr Eingang ist daher ständig zu überwachen. Bei der Inanspruchnahme von Ausgabemitteln ist dafür zu sorgen, dass die Mittel das ganze Haushaltsjahr ausreichen, bei den Ausgaben im Vermögenshaushalt ist zusätzlich zu fordern, dass auch die Deckungsmittel rechtzeitig bereitgestellt werden können. Ist zu befürchten, dass der Haushaltsausgleich durch unabsehbare Entwicklungen gefährdet ist, muss der Bürgermeister den Gemeinderat unverzüglich informieren, damit er ggf. gegensteuern kann.

Reichen die Haushaltsansätze nicht aus, können **über- bzw. außerplanmäßige** Ausgaben nur geleistet werden, wenn sie dringend sind und ihre Deckung gesichert ist bzw. unabweisbar sind und kein erheblicher Fehlbetrag entsteht. Eine Deckung ist insbesondere durch den Aufschub von Maßnahmen, Einsparungen bei anderen Haushaltsansätzen, die Deckungsreserve oder durch Heranziehen von über- und außerplanmäßigen Einnahmen möglich. Ist ihr Umfang oder ihre Bedeutung erheblich, bedarf es der Zustimmung des Gemeinderats. In besonderen Fällen, wenn insbesondere der Haushaltsausgleich gefährdet ist, erhebliche über- bzw. außerplanmäßige Ausgaben zu leisten sind, nicht veranschlagte Investitionen durchgeführt werden sollen oder bei personellen Maßnahmen vom Stellenplan abgewichen werden soll, ist eine **Nachtragssatzung** erforderlich.

Im Rahmen der Bewirtschaftung eingegangene Zahlungsverpflichtungen hat die Gemeinde zu erfüllen. Die Fachämter erteilen an die Gemeindekasse Auszahlungsanordnungen. Die Gemeindekasse hat die Zahlungen zu leisten. Nach Ende des Rechnungsjahres muss die Gemeinde eine **Jahresrechnung** aufstellen, in der die Haushaltsansätze und das Ergebnis des Haushaltsvollzugs gegenübergestellt werden. Überschreitungen von Haushaltsansätzen sind besonders aufzuführen. Die Jahresrechnung wird durch das **Rechnungsprüfungsamt** geprüft und anschließend vom Gemeinderat beschlossen.

Gelingt es nicht, zum 1.1. eines Jahres die Haushaltssatzung in Kraft zu setzen, gelten die besonderen Regelungen der **Interimswirtschaft.** Danach darf die Gemeinde nur solche Ausgaben leisten, zu denen sie rechtlich verpflichtet ist, die der Weiterführung notwendiger Aufgaben dienen bzw. für die Fortsetzung von Bauten und Beschaffungen erforderlich sind.

Die einjährige Haushaltsplanung wird durch eine mittelfristige Finanzplanung ergänzt.

Dabei sollen die finanzpolitischen Perspektiven für die Haushalte der folgenden Jahre aufgezeigt werden. Die **mittelfristige Finanzplanung** hat ihre besondere Bedeutung für Investitionsvorhaben, die sich in ihrer Finanzierung über mehrere Jahre erstrecken und über den einjährigen Haushaltsplan hinaus abgesichert werden müssen. Dadurch soll die gemeindliche Finanzwirtschaft über den engen Rahmen des Haushaltsplans hinaus abgedeckt und programmiert werden. Gleichzeit trägt sie zur Koordinierung und Verzahnung zwischen den fachlichen und den finanziellen Planungen der Gemeinde bei.

Die Finanzplanung erstreckt sich zeitlich auf fünf Jahre, wobei allerdings das laufende Jahr einbezogen ist. Im Finanzplan werden die Einnahmen und Ausgaben nach Art bzw. Gruppen und für die Investitionen auch nach einzelnen Aufgabenblöcken vorausgeschätzt. Grundlage für die Schätzung der Investitionsausgaben ist ein Investitionsprogramm, das nach Jahren getrennt den Ausgabenbedarf für die Investitionen und Investitionsförderungsmaßnahmen sowie die anderen Ausgaben des Vermögenshaushalts – ebenfalls für fünf Jahre – enthält. Die Jahressummen der Ausgaben im Investitionsprogramm sollen mit den Jahressummen der für den Vermögenshaushalt geschätzten Einnahmen übereinstimmen.

Der Finanzplan ist zusammen mit dem Investitionsprogramm spätestens mit dem Entwurf der Haushaltssatzung dem Gemeinderat vorzulegen. Insbesondere bei größeren Gemeinden bedarf eine längerfristige Investitions- und Finanzplanung dieser Art einer umfassenden Gemeindeentwicklungsplanung. Der Gemeinderat hat dabei vor allem über die geplante Investitions-, Steuer-, Entgelt-, Kredit- und Rücklagenpolitik zu entscheiden.

Das Investitionsprogramm und der Finanzplan bedürfen keines Beschlusses durch den Gemeinderat, sie sind jedoch als Anlage zum Haushaltsplan mit diesem der Rechtsaufsichtsbehörde vorzulegen. Der Finanzplan ist unter Berücksichtigung der vom Land bekannt gegebenen Orientierungsdaten jährlich fortzuschreiben. Eine rechtliche Bindung ergibt sich aus dem Finanzplan jedoch nicht.

7.3 Haushaltssatzung und Haushaltsplan

Die Bedeutung des Etatrechts wird durch die **Haushaltssatzung** als Ausdruck örtlicher Rechtssetzung deutlich. Die Haushaltssatzung ist nach folgendem verbindlichen Muster aufzustellen:

Mindestinhalt der Haushaltssatzung

§ 1

Der Haushaltsplan wird festgesetzt mit

1. den Einnahmen und Ausgaben von je	5 000 000 €
davon im Verwaltungshaushalt	4 000 000 €
im Vermögenshaushalt	1 000 000 €
2. dem Gesamtbetrag der vorgesehenen Kreditaufnahme	400 000 €
3. dem Gesamtbetrag der Verpflichtungsermächtigungen	1 000 000 €

§ 2

Der Höchstbetrag der Kassenkredite wird festgesetzt auf	700 000 €

Der **Haushaltsplan** ist Teil der Haushaltssatzung. Ihm kommt somit ebenfalls Satzungsqualität zu. Der Haushaltsplan gliedert sich in folgende Bestandteile und Anlagen.

Bestandteile:

– Gesamtplan (Zusammenfassung der Einnahmen- und Ausgabensummen des Verwaltungs- und des Vermögenshaushalts, der Verpflichtungsermächtigungen, Haushaltsquerschnitt, Gruppierungs- und Finanzierungsübersicht);

– Einzelpläne des Verwaltungs- und des Vermögenshaushalts;

– Sammelnachweise, insbesondere über persönliche und sächliche Ausgaben;

– der Stellenplan.

Anlagen:

– Vorbericht (Überblick über den Stand und die Entwicklung der Haushaltswirtschaft, Erläuterungen zu den wichtigsten Haushaltsansätzen);

– Finanzplan mit Investitionsprogramm;

– Übersicht über die Verpflichtungsermächtigungen;

– Übersicht über den voraussichtlichen Stand der Schulden und der Rücklagen und

– Wirtschaftspläne und Abschlüsse der Sondervermögen und der Unternehmen.

Gliederung des Haushaltsplans

Der Haushaltsplan gliedert sich in einen **Verwaltungs- und Vermögenshaushalt**. Im Verwaltungshaushalt werden die nicht vermögenswirksamen, laufenden Einnahmen und Ausgaben gegenübergestellt. Im Vermögenshaushalt sind die Investitionen und Investitionsförderungsmaßnahmen, Tilgungsausgaben sowie die vermögenswirksamen Einnahmen wie z. B. Zuweisungen, Beiträge, Kredite enthalten.

Verwaltungshaushalt		Vermögenshaushalt	
Einnahmen	**Ausgaben**	**Einnahmen**	**Ausgaben**
lfd. Einnahmen: – Steuern – Gebühren etc.	lfd. Ausgaben für: – Personal – Zinsen etc. (Zuführung)	(Zuführung) Zuweisungen Beiträge Erlöse Kredite etc.	Investitionen Zuschüsse Tilgungen etc.

Die beiden selbstständigen Teilhaushalte sind durch die Zuführung des Verwaltungs- an den Vermögenshaushalt verbunden. Überschüsse des Verwaltungshaushalts stehen somit für Zwecke des Vermögenshaushalts zur Verfügung.

Verwaltungshaushalt

Für die Einzelpläne des Verwaltungshaushalts ist folgendes Muster verbindlich vorgegeben:

Verwaltungshaushalt

Einzelplan 2 Schulen
Unterabschnitt 210 Grund- und Hauptschulen

Haushaltsstelle	Bezeichnung	Erl.	Haushaltsansatz 2009	Haushaltsansatz 2008	Rechnungs- ergebnis 2007
Ausgaben			€	€	€
210 414	Vergütung Angestellte		210 000	200 000	193 715
210 500	Unterhaltung Grundstücke		46 000	25 000	23 416
...	... ...		...	...	...

Erläuterungen:

a) Der Verwaltungshaushalt ist nach Aufgabenbereichen gegliedert, die Einnahmen und Ausgabearten sind nach ihrem wirtschaftlichen Gehalt gruppiert. Gliederung und Gruppierung lassen sich aus der Haushaltsstelle ablesen. Jeder Ausgabe und Einnahme wird daher eine Gliederungs- und Gruppierungszahl zugeordnet.

• Gliederung

Die Gliederungszahl setzt sich aus Einzelplan, Abschnitt und Unterabschnitt zusammen.

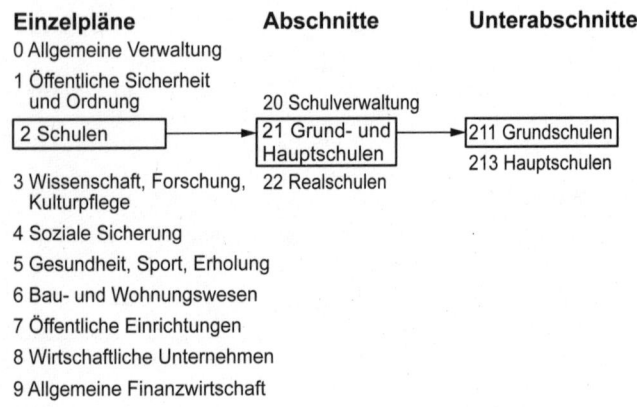

| Einzelpläne | Abschnitte | Unterabschnitte |

0 Allgemeine Verwaltung

1 Öffentliche Sicherheit und Ordnung

20 Schulverwaltung

2 Schulen → 21 Grund- und Hauptschulen → 211 Grundschulen

213 Hauptschulen

3 Wissenschaft, Forschung, Kulturpflege   22 Realschulen

4 Soziale Sicherung

5 Gesundheit, Sport, Erholung

6 Bau- und Wohnungswesen

7 Öffentliche Einrichtungen

8 Wirtschaftliche Unternehmen

9 Allgemeine Finanzwirtschaft

• Gruppierung

Die Einnahmen und Ausgaben sind nach Hauptgruppen, Gruppen und Untergruppen geordnet.

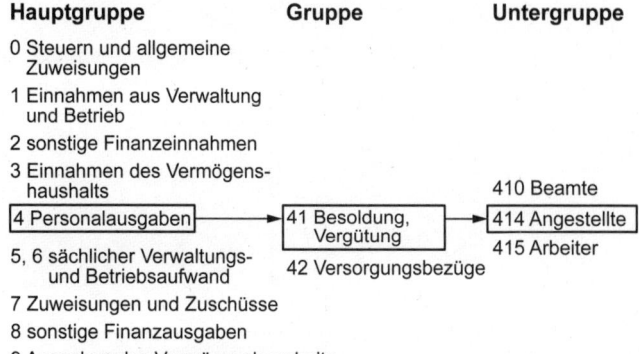

Hauptgruppe	Gruppe	Untergruppe
0 Steuern und allgemeine Zuweisungen		
1 Einnahmen aus Verwaltung und Betrieb		
2 sonstige Finanzeinnahmen		
3 Einnahmen des Vermögenshaushalts		410 Beamte
4 Personalausgaben	41 Besoldung, Vergütung	414 Angestellte
5, 6 sächlicher Verwaltungs- und Betriebsaufwand	42 Versorgungsbezüge	415 Arbeiter
7 Zuweisungen und Zuschüsse		
8 sonstige Finanzausgaben		
9 Ausgaben des Vermögenshaushalts		

Aus der Gliederungs- und der Gruppierungszahl ergibt sich die **Haushaltsstelle.**

Beispiel: Vergütung für die Angestellten in der Grundschule

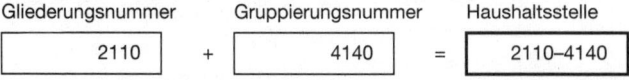

Gliederungsnummer		Gruppierungsnummer		Haushaltsstelle
2110	+	4140	=	2110–4140

b) Die Einzelpläne führen insgesamt drei Jahresspalten auf. Neben dem Planjahr sind die Ansätze für das Vorjahr als auch das Rechnungsjahr des Vorvorjahres aufgeführt. Somit kann die zeitliche Entwicklung der einzelnen Haushaltsansätze verfolgt und analysiert werden.

c) In der Erläuterungsspalte werden u. a. Haushaltsvermerke angebracht. So kann intern verfügt werden, dass Minderausgaben bei einer Haushaltsstelle zu Mehrausgaben bei einer anderen Haushaltsstelle herangezogen, bzw. Mehreinnahmen zugunsten von Mehrausgaben eingesetzt werden können

101

(Deckungsfähigkeit). Zusätzlich kann durch Haushaltsvermerk bestimmt werden, dass nicht benötigte Haushaltsmittel ins nächste Jahr übertragen werden dürfen.

Vermögenshaushalt

Das ergänzende Muster des Vermögenshaushalts enthält folgende weitere Informationen:

Vermögenshaushalt

Einzelplan 2 Schulen
Unterabschnitt 211 Grundschulen

HH Stelle	Bezeichnung	Erl.	Haushaltsansatz 2009 Verpflichtungsermächtigung	Haushaltsansatz 2008	Rechnung 2007	Investition/Investitionsförderung Gesamtaufwand	Investition/Investitionsförderung bereitgestellt einschl. VJ
			€	€	€	€	€
Ausgaben							
211.935	Einrichtungsgegenstände		160 000	40 000		250 000	40 000
211.942	Umbau von Gebäuden		400 000 100 000	150 000	60 000	710 000	210 000
...	...		...	...	...		

HH = Haushalt
VJ = Vorjahr

Erläuterungen:

a) Verpflichtungsermächtigungen dienen der finanziellen Absicherung von Investitionsvorhaben, die sich über das Haushaltsjahr hinaus erstrecken. Da im Haushaltsjahr nur die voraussichtlich anfallenden Ausgaben ausgewiesen werden, müssen künftige Ausgabebelastungen, die im Haushaltsjahr begründet werden, als Verpflichtungsermächtigungen veranschlagt werden. Sie sind im Vermögenshaushalt in einer separaten Spalte ausgewiesen und zulasten der nächsten drei Jahre zulässig. Können die sich aus den Verpflichtungen ergebenden Ausgaben in künftigen Jahren nur durch Kredite gedeckt werden, bedürfen sie der Genehmigung der Rechtsaufsichtsbehörde.

b) Die Spalten „Gesamtaufwand/bereitgestellt einschl. Vorjahr" ermöglichen eine Darstellung der gesamten Investitionsausgabe. Mehrjährige Vorhaben können somit transparent abgebildet werden. Aus der gemeinsamen Betrachtung kann abgelesen werden, welche Beträge zur Fertigstellung der Maßnahme in den künftigen Jahren noch erforderlich sind.

7.4 Haushaltsgrundsätze

Für die Aufstellung und die Ausführung des Haushaltsplans gelten folgende materielle und formelle Grundsätze:

– **Öffentlichkeit:** Die Haushaltssatzung ist vom Gemeinderat in öffentlicher Sitzung zu beraten und zu beschließen. Nach ihrer Genehmigung durch oder Vorlage an die Rechtsaufsichtsbehörde ist sie öffentlich bekannt zu machen, und der Haushaltsplan an sieben Tagen öffentlich auszulegen. In der öffentlichen Bekanntmachung ist auf die Auslegung des Haushaltsplans hinzuweisen;

– **Vorherigkeit:** Die Haushaltssatzung soll spätestens einen Monat vor Beginn des Haushaltsjahres der Rechtsaufsichtsbehörde vorliegen. Sie tritt mit dem Beginn des Haushaltsjahres (1. Januar) in Kraft. Sofern die Haushaltssatzung zu

Beginn des Haushaltsjahres noch nicht erlassen ist, dürfen nur solche Ausgaben geleistet werden, die unaufschiebbar sind oder zu deren Leistung die Gemeinde verpflichtet ist;

– **Jährlichkeit:** Der Haushaltsplan ist jährlich aufzustellen. Er gilt jeweils für ein Haushaltsjahr. Es ist zulässig, auch Zweijahreshaushaltspläne zu erstellen, die in sich nach Haushaltsjahren getrennt sind;

– **Wahrheit:** Die Haushaltsansätze sind, soweit sie nicht errechenbar sind, sorgfältig zu schätzen;

– **Klarheit:** Der Haushaltsplan ist nach einheitlichen Gesichtspunkten zu gliedern und zu ordnen. Die Einzelpositionen müssen eindeutig bezeichnet und vergleichbar sein. Die Einnahmen sind nach ihrer Herkunft (Grund), die Ausgaben nach ihrer Zweckbestimmung auszuweisen. Ausgaben für denselben Zweck dürfen nicht an verschiedenen Haushaltsstellen veranschlagt werden;

– **Vollständigkeit:** Der Haushaltsplan hat alle im Haushaltsjahr für die Erfüllung der Aufgaben der Gemeinde voraussichtlich eingehenden Einnahmen und zu leistenden Ausgaben zu enthalten. Ausgenommen sind durchlaufende Gelder und fremde Mittel sowie Sonder- und Treuhandvermögen, soweit Sonderrechnungen geführt werden;

– **Kassenwirksamkeit:** Die Einnahmen und Ausgaben sind nur mit dem im Haushaltsjahr kassenwirksam werdenden Jahresbetrag zu veranschlagen;

– **Bruttoveranschlagung:** Einnahmen und Ausgaben dürfen nicht gegeneinander aufgerechnet, sondern müssen voneinander getrennt in voller Höhe veranschlagt werden;

– **Gesamtdeckung:** Die Einnahmen und Ausgaben sowohl des Verwaltungs- wie auch des Vermögenshaushalts bilden eine Einheit. Alle Einnahmen stehen für alle Ausgaben zur Verfügung. Eine Ausnahme, also eine Zweckbindung von Einnahmen, gilt nur, wenn dies gesetzlich vorgeschrieben oder nach der Natur der Sache erforderlich ist, z.B. bei speziellen Zuweisungen, Spenden etc.

– **Haushaltsausgleich:** Einnahmen und Ausgaben müssen ausgeglichen sein.

7.5 Aufstellungsverfahren der Haushaltssatzung

Die Haushaltssatzung wird in einem formalisierten Rechtsetzungsverfahren erlassen. Dieses Verfahren weist folgenden Ablauf auf:

Aufstellungsverfahren der Haushaltssatzung

Bedarfsermittlung und -anmeldung durch die einzelnen Dienststellen der Gemeindeverwaltung

▼

Fertigung des Entwurfs durch den Fachbediensteten für das Finanzwesen

▼

Vorberatung des Entwurfs in den Ausschüssen und im Gemeinderat

▼

Satzungsbeschluss des Gemeinderats

▼

Vorlage bei der Rechtsaufsicht, ggf. Genehmigung durch die Rechtsaufsicht

▼

Öffentliche Bekanntmachung der Haushaltssatzung und gleichzeitige Auslegung des Haushaltsplans

Einige Gemeinden haben im Zuge der Einführung des Neuen Steuerungsmodells die Budgetierung des Haushaltsplanes eingeführt. Damit sollen die Eigenverantwortung und Kompetenzen der Fachämter gestärkt und die Budgetverantwortlichen zu einem effektiven und wirtschaftlichen Handeln motiviert werden. Die Fach- und die Finanzverantwortung soll in der Hand des jeweiligen Fachamtes liegen.

Unter einem Budget versteht man Finanzmittel, die einem Fachamt global zur eigenständigen Bewirtschaftung zugewiesen werden. Für jedes Budget werden konkrete Leistungsziele vereinbart. Das Budget umfasst nicht mehr eine Vielzahl konkreter Ausgabepositionen, sondern beschreibt einen Mindest-Überschussbetrag, der erwirtschaftet werden muss, bzw. einen maximalen Zuschussbedarf, mit dem der Budgetbereich auszukommen hat. Sämtliche Ausgaben sind gegenseitig deckungsfähig, die Gruppierung nach Ausgabearten wird damit aufgehoben.

Die Einführung der Budgetierung verändert auch das Haushaltsplanaufstellungsverfahren. Der Gemeinderat hat in einer frühen Phase, unter Berücksichtigung der finanzwirtschaftlichen Rahmendaten und der Leistungsaufträge an die Verwaltung einen „Eckwertbeschluss" zu fassen. Darin wird die für die Fachämter zur Verfügung stehende Finanzmasse ausgewiesen. Die Teilhaushaltspläne werden anschließend von den verantwortlichen Fachämtern aufgestellt.

7.6 Neues Kommunales Haushaltsrecht

In Baden-Württemberg ist zum 1. 1. 2016 in allen Gemeinden das Neue Kommunale Haushalts- und Rechnungswesen (NKHR) einzuführen. Damit wird das geltende kameralistische Haushaltssystem abgelöst. Es handelt sich dabei um eine bundesweit entwickelte Reform, die in den meisten anderen Bundesländern bereits umgesetzt ist.

Der 1. 1. 2016 ist der letztmögliche Umstellungszeitpunkt. Jede Gemeinde kann bereits früher auf das neue System umsteigen. Im Jahr 2009 wenden bereits ca. 20 Kommunen in Baden-Württemberg das NKHR an.

Das heutige kameralistische Haushalts- und Rechnungssystem besteht aus einer reinen Einnahme- und Ausgabenrechnung, d.h. es werden lediglich „Geldvorgänge" erfasst und geplant. Die Auswirkungen auf den Stand des Vermögens bleiben unberücksichtigt. Die Informationen, die den Gemeinden damit zur

Verfügung stehen, erlauben nur einen unvollständigen Einblick in die finanzielle Lage.

Das NKHR basiert auf dem Grundsatz, dass es in einem Planungs- und Rechnungsjahr nicht nur darum gehen kann, Einnahmen und Ausgaben in Einklang zu bringen. Ziel muss es vielmehr sein, das Vermögen der Gemeinde nicht zu schmälern und jeweils den stattfindenden Vermögensverzehr (**Ressourcenverbrauch**) durch entsprechende Zuwächse auszugleichen. Neues Steuerungsprinzip ist der Grundsatz der intergenerativen Gerechtigkeit. Danach soll das von der Vorgängergeneration übernommene Vermögen an die nachfolgende Generation weitergegeben werden.

Der Unterschied zum heutigen Haushaltssystem wird besonders beim Vermögenserwerb deutlich. Bei einer reinen Einnahme-/ Ausgaben-Betrachtung findet das Vermögen nur bei seiner Anschaffung Eingang in das Planwerk. Die Gemeinde wird durch das Plan- und Rechnungswesen auf eine Ersatzbeschaffung nicht vorbereitet und ist daher u. U. auf Kreditaufnahmen angewiesen. Das Vermögen der Gemeinde verliert jedoch ständig durch Abnutzung an Wert. Erst durch den Einbezug von Abschreibungen (Ressourcenverbrauch) in die Haushaltsplanung wird diese Belastung aufgezeigt und die Gemeinde angehalten, durch entsprechend hohe Zuwächse für die anstehende Ersatzbeschaffung Vorsorge zu treffen.

Kern des NKHR ist daher die Ergänzung der Haushaltsplanung durch einen **Ergebnishaushalt.** In ihm werden Erträge und Aufwendungen gegenübergestellt. Bei einem Überschuss („Gewinn") wird angezeigt, dass die Gemeinde ihre Vermögenssubstanz nicht mindern wird. Belastungen durch Wertverzehr (Abschreibungen) oder Lasten der Zukunft (Rückstellungen) sind dabei eingerechnet.

Die aussagekräftigere Information allein bringt noch keine Veränderung. Die Gemeinde wird daher durch neue Haushaltsausgleichsregeln verpflichtet, den ausgewiesenen Ressourcenverbrauch durch entsprechende Zuwächse auszugleichen. Dies kann zum einen durch erhöhte Sparmaßnahmen gelingen, zum anderen auch zu höheren Abgabenbelastungen bei den Bürgern führen. Diese sind jedoch nicht durch die Haushaltsreform bedingt, sondern durch die Notwendigkeit, auch in Zukunft über einen finanziellen Gestaltungsspielraum verfügen zu können. Im Ergebnis werden die Bürger nicht „stärker zur Kasse gebeten". Diejenige Generation, die den Nutzen einer kommunalen Einrichtung hat, soll auch für deren Finanzierung aufkommen. Spätere Generationen werden dadurch entlastet. Erst ein Ausgleich des Ressourcenverbrauchs gibt der Gemeinde Sicherheit, sowohl für Ersatzbeschaffungen als auch für künftige Lasten die notwendigen Finanzmittel verfügbar zu haben.

Mit der Einführung des NKHR rückt das **Produkt** in den Vordergrund. Der Haushalt gliedert sich nicht mehr wie heute nach Aufgabenbereichen (Einzelpläne, Abschnitte, Unterabschnitte). Die Haushaltsplanung orientiert sich an Produkten, d.h. an Leistungen der Verwaltung, die von Stellen außerhalb der einzelnen Organisationseinheiten nachgefragt werden (z.B. Bereitstellung von Hallen, Bereitstellung von Freisportanlagen etc.). Produkte werden zu Produktgruppen (Betrieb von Sportanlagen) und zu Produktbereichen (z.B. Sport) zusammengefasst.

Der künftige Gesamthaushalt wird produktorientiert in Teilhaushalte untergliedert. Teilhaushalte dienen der Binnensteuerung der Verwaltung.

Hier werden als Neuerung für ausgewählte Produkte („Schlüsselprodukte") nicht nur Finanz-, sondern auch Sachziele vorgegeben, über deren Einhaltung der Gemeinderat in **Finanzzwischenberichten** unterrichtet wird. Die Auswahl der „Schlüsselprodukte" richtet sich nach dem kommunalpolitischen Stellenwert oder nach der finanziellen Bedeutung. Erst durch die Kombination von Sach- und Finanzzielen kann die Leistungserfüllung der Verwaltung richtig bewertet werden. Einsparungen sind häufig auch darauf zurückzuführen, dass die Sachziele nicht erreicht worden sind. Dies wird erst durch die gemeinsame

Betrachtung deutlich. Auch ist es künftig einfacher, Diskussionen über Standards der Aufgabenerfüllung zu führen. Eine Verminderung des Finanzbudgets führt i.d.R. zu einer Einschränkung der Sachzielvorgaben.

Der Umstieg auf das NKHR setzt voraus, dass die Gemeinden zunächst ihr vollständiges Vermögen und ihre Schulden im Rahmen einer Inventur erfassen und bewerten. Es ist eine **Eröffnungsbilanz** zu erstellen, die in vielen Gemeinden erstmals einen Überblick über die Höhe und Zusammensetzung ihres Vermögens gibt. Hierfür sind sehr zeitaufwendige Arbeiten in der Verwaltung abzuwickeln.

Die Verwaltungsvorfälle werden künftig nach dem System der **kommunalen doppelten Buchführung** erfasst und in einer **Ergebnisrechnung, Finanzrechnung und Vermögensrechnung (Bilanz)** dokumentiert. Die in den Unternehmen übliche Rechnungslegung wird daher künftig in leicht modifizierter Form auch in den Kommunen angewandt.

Die Einführung wird sowohl die Arbeit im Gemeinderat als auch innerhalb der Verwaltung gewaltig verändern. Allerdings sollte nicht übersehen werden, dass die reine Umstellung des Haushaltssystems nichts an der realen Finanzsituation ändert. Vielmehr stehen den Gemeinden objektiv vollständigere Informationen zur Verfügung, die in den Gemeinderäten für die kommunalpolitischen Entscheidungen verwertet werden sollen. Fehlentscheidungen sind mit dem neuen Haushaltssystem nicht ausgeschlossen. Man begegnet ihnen jedoch "sehenden Auges".

7.7 Gemeindevermögen

Zur Erfüllung ihrer Aufgaben ist die Gemeinde auf Vermögen angewiesen. Insbesondere für den zunehmenden Flächenbedarf für öffentliche Einrichtungen ist eine weitblickende Vermögens- und Bodenpolitik wichtig. Das Vermögen ist für die Gemeinde nicht in erster Linie als Ertragsobjekt anzusehen, sondern als Mittel zur Aufgabenerfüllung.

Die Gemeinde soll Vermögensgegenstände nur für die Erfüllung ihrer Aufgaben **erwerben**. Sie soll kein Vermögen horten. Eine vorausschauende Bodenpolitik ist damit nicht ausgeschlossen, sondern unter dem Gesichtspunkt der Aufgabenerfüllung und der Wirtschaftlichkeit sogar erforderlich.

Vermögensgegenstände sind pfleglich und wirtschaftlich zu **verwalten** und ordnungsgemäß nachzuweisen. Bei Geldanlagen ist auf eine ausreichende Sicherheit und einen angemessenen Ertrag zu achten.

Werden Vermögensgegenstände für die absehbare Zukunft nicht benötigt, können sie nur zum vollen Wert (Verkehrswert) **veräußert** werden. Will die Gemeinde Vermögen unterhalb des Verkehrswertes veräußern, muss sie den Beschluss der Rechtsaufsichtsbehörde vorlegen.

Rücklagen

Die Gemeinde hat zur Sicherung ihrer Haushaltswirtschaft und für Zwecke des Vermögenshaushalts Rücklagen in angemessener Höhe zu bilden. Die allgemeine Rücklage dient als Betriebsmittelrücklage der Gemeindekasse und soll die Deckung künftiger Ausgaben des Vermögenshaushalts erleichtern. Sonderrücklagen sind nur in besonderen Fällen, z. B. Rücklage für die Rekultivierung von Abfalldeponien, zulässig. Die Rücklagenbestände können zwischenzeitlich als innere Darlehen in Anspruch genommen werden.

7.8 Wirtschaftliche Betätigung

Der zunehmende Umfang der öffentlichen Aufgaben hat das Betätigungsfeld der Gemeinden erweitert. Im Rahmen der Daseinsvorsorge müssen die Gemeinden sich verstärkt auch wirtschaftlich betätigen. Andererseits sind den Gemeinden in einer freien Marktwirtschaftordnung bei ihrer wirtschaftlichen Tätigkeit Grenzen auferlegt. Die Gemeinde darf wirtschaftliche Unternehmen nur errichten, übernehmen oder wesentlich erweitern, wenn der öffentliche Zweck das Unternehmen rechtfertigt und es nach Art und Umfang in einem angemessenen Verhältnis zur Leistungsfähigkeit der Gemeinde und dem voraussichtlichen Bedarf steht. Bankunternehmen – ausgenommen Sparkassen – darf die Gemeinde nicht betreiben. Die Gemeinde hat ihre wirtschaftliche Betätigung nach den ihr obliegenden Aufgaben auszurichten.

Wirtschaftliche Unternehmen hat die Gemeinde so zu führen, dass der öffentliche Zweck erfüllt wird. Sie sollen einen Ertrag für den Haushalt der Gemeinde abwerfen. Die Unternehmen können als

– Regiebetrieb,

– Eigenbetrieb oder

– selbstständiges Unternehmen in Privatrechtsform (GmbH, AG) geführt werden.

Auf dem Gebiet der kommunalen Daseinsvorsorge darf die Gemeinde eigenverantwortlich entscheiden, welche Rechtsform für das Unternehmen gewählt wird. Der Eigenbetrieb ist grundsätzlich für die wirtschaftliche Betätigung zugelassen. Sofern das Unternehmen nachhaltig seine Aufwendungen zu mindestens 25 % durch Umsatzerlöse decken kann und die im Gesetz vorgeschriebenen Sicherheitsvorkehrungen zur Risikobegrenzung beachtet werden, steht auch die Rechtsform der GmbH zur Verfügung.

Zur Information des Gemeinderats und der Einwohner müssen jährlich Beteiligungsberichte für diejenigen Unternehmen erstellt werden, an denen die Gemeinde unmittelbar oder mittelbar mit mehr als 50 % beteiligt ist. Der Beteiligungsbericht stellt für den Gemeinderat eine wichtige Informationsquelle zum Stand der Erfüllung des öffentlichen Zwecks, zum Geschäftsverlauf und zur Finanzsituation des Unternehmens dar. Dieser Bericht kann zum Anlass genommen werden, um seitens des Gemeinderats bei einer GmbH über die gesellschaftsrechtlichen Organe steuernd einzugreifen.

Die Gemeinde darf wirtschaftliche Unternehmen oder Teile von solchen oder Beteiligungen an solchen, durch welche die Gemeinde ihren Einfluss auf das wirtschaftliche Unternehmen verliert oder vermindert, nur veräußern, wenn die Erfüllung der Aufgaben der Gemeinde dadurch nicht beeinträchtigt wird.

8. Planen und Bauen

8.1 Bauleitplanung

Ein großer Teil der Tätigkeit des Gemeinderats befasst sich mit Planen und Bauen in der Gemeinde. Mit der **Planungshoheit** hat die Gemeinde das Recht und die Pflicht, die räumliche Ordnung und Entwicklung innerhalb des Gemeindegebiets zu regeln und zu gestalten. Das Instrument der Gemeinde dafür ist die **Bauleitplanung.** Sie ist notwendig, um eine ungeordnete bauliche Entwicklung in der Gemeinde und die Zersiedlung der Landschaft zu verhindern. Die Bauleitplanung hat zwei Bestandteile und Stufen, den **Flächennutzungsplan** als vorbereitende Bauleitplanung und die **Bebauungspläne** als verbindliche Bauleitplanung. Bauleitpläne sind von der Gemeinde aufzustellen, wenn und soweit dies erforderlich ist für die städtebauliche Entwicklung und Ordnung (Planungspflicht). Dies ist bei der gegenwärtigen Bautätigkeit grundsätzlich für alle Gemeinden zu bejahen.

Flächennutzungsplan

Der Flächennutzungsplan ist für das gesamte Gemeindegebiet aufzustellen. Er ist ein längerfristiger Plan und soll festlegen, wie die vorhandenen, insbesondere die für die Bebauung vorgesehenen Flächen genutzt werden sollen. Der Flächennutzungsplan kann gemeinsam mit anderen Gemeinden aufgestellt werden, bei Verwaltungsgemeinschaften und bei Nachbarschaftsverbänden ist er von diesen für deren Gebiet aufzustellen. Der Flächennutzungsplan bedarf der Genehmigung durch das Regierungspräsidium.

Die Bauleitpläne der Gemeinde sind den Zielen der Raumordnung und der Landesplanung anzupassen. Als örtliche Planung muss sich diese einfügen. Ziele der überörtlichen Planung sind die im Bundesraumordnungsgesetz verankerten Raumordnungsgrundsätze, die Festlegungen des Landesentwicklungsplans und des Regionalplans. Dazu kommen noch die Fachplanungen des Landes, falls sie verbindlich sind. Soweit eine gemeindliche **Entwicklungsplanung** vorhanden ist, ist sie ebenfalls bei der Bauleitplanung zu berücksichtigen. Bei der Aufstellung von Bauleitplänen sind die öffentlichen und die privaten Belange gegeneinander und untereinander abzuwägen. Die Vorschriften des Baugesetzbuches werden hinsichtlich der Art und des Maßes der baulichen Nutzung, der Bauweise und der überbaubaren Grundstücksflächen durch die Vorschriften der Baunutzungsverordnung ergänzt.

Bebauungspläne

Bebaungspläne sind aus dem Flächennutzungsplan zu entwickeln. Sie sind als Satzung zu beschließen und rechtsverbindlich. Im Bebauungsplan sind Art und Maß der baulichen Nutzung, die überbaubaren Grundstücksflächen und die Verkehrsflächen festzulegen. Dem Bebauungsplan ist eine Begründung beizufügen. Bei unwesentlichen Änderungen ist ein vereinfachtes Verfahren möglich.

Zur **Sicherung der Bauleitplanung** sind der Gemeinde verschiedene rechtliche Möglichkeiten eingeräumt. Sie kann durch Satzung eine Veränderungssperre festlegen (§ 14 Baugesetzbuch) oder im Einzelfall verlangen, dass ein Bauantrag zurückgestellt wird (§ 15 Baugesetzbuch). Die Teilung von Grundstücken kann im Geltungsbereich eines Bebauungsplanes durch Satzung für genehmigungspflichtig erklärt werden (§ 19 Baugesetzbuch). Der Gemeinde steht für Grundstücke innerhalb eines Bebauungsplangebiets, eines Umlegungsgebiets, eines förmlich festgelegten Sanierungsgebiets und städtebaulichen Entwicklungsbereichs sowie im Geltungsbereich einer Erhaltungssatzung ein allgemeines Vorkaufsrecht zu (§ 24 Baugesetzbuch). Darüber hinaus kann sie sich durch Satzung ein besonderes Vorkaufsrecht im Geltungsbereich eines Bebauungsplans an unbebauten Grundstücken sowie für städtebauliche Maßnahmen vorbehalten (§ 25 Baugesetzbuch). Zur Durchsetzung der Bauleitplanung hat sie Bau-, Modernisierungs- oder Instandsetzungs-, Pflanz-

und Abbruchgebote (§§ 175 bis 179 Baugesetzbuch). Für die Bodenordnung stehen ihr das Umlegungsverfahren und das Grenzregelungsverfahren zur Verfügung (§§ 45 ff. und 80 ff. Baugesetzbuch).

Das Bauordnungsrecht ist in der **Landesbauordnung** geregelt. Die Aufgaben der Baurechtsbehörde sind Weisungsaufgaben; der Gemeinderat ist nur dann zu beteiligen, wenn Ausnahmen oder Befreiungen von Bebauungsplänen beantragt sind. Hierfür ist das Einvernehmen der Gemeinde erforderlich.

Die **Erschließung von Baugebieten** ist Pflichtaufgabe der Gemeinde. Sie kann jedoch die Erschließung auch Dritten übertragen (Erschließungsvertrag). Zu den Kosten der Erschließung kann die Gemeinde einen Straßenerschließungsbeitrag bis zu 95 vom Hundert von den Grundstückseigentümern verlangen. Die Erhebung der Beiträge ist durch Satzung zu regeln. Für Abwasserbeseitigung und Wasserversorgung kann sie ebenfalls durch Satzung Beiträge erheben.

Aufstellungsverfahren für Bebauungspläne

	a	b	c
1.	Prüfung des Bedürfnisses **Beschluss des Gemeinderats über die Aufstellung** (Aufstellungsbeschluss) § 2 Baugesetzbuch	Ortsübliche Bekanntmachung des Aufstellungsbeschlusses § 2 Baugesetzbuch	Zulässigkeit von Veränderungssperren und vorzeitigen Baugenehmigungen §§ 14, 15, 33 Baugesetzbuch, des Vorkaufsrechts nach § 25 Abs. 1 Nr. 2 Baugesetzbuch
2.	Erarbeitung der Rahmenbedingungen, Ziele und Zwecke der Planung durch eigene oder beauftragte Planer, Fertigung des Entwurfs § 4 b Baugesetzbuch	Frühzeitige Beteiligung der Öffentlichkeit § 3 Baugesetzbuch Beteiligung der Behörden und sonstiger Träger öffentlicher Belange § 4 Baugesetzbuch Abstimmung mit den Nachbargemeinden § 2 Baugesetzbuch	
3.	**Beschluss des Gemeinderats** oder eines beschließenden Ausschusses **über den Entwurf** (und seine Auslegung) (Auslegungsbeschluss) § 3 Baugesetzbuch		
4.	Ortsübliche Bekanntmachung von Ort und Dauer der Auslegung § 3 Baugesetzbuch	Benachrichtigung der Behörden und sonstiger Träger öffentlicher Belange von der Auslegung § 3 Baugesetzbuch	

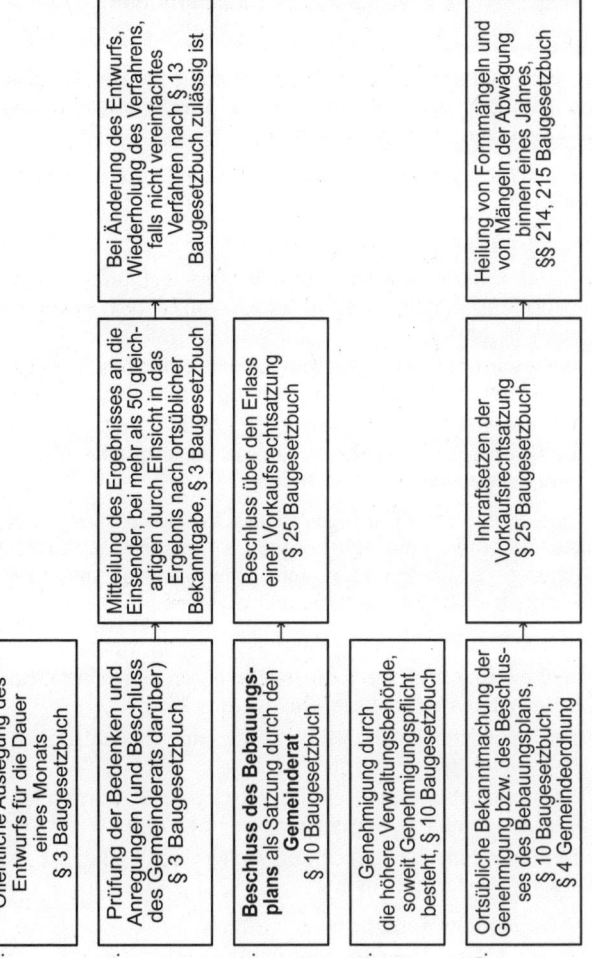

5. Öffentliche Auslegung des Entwurfs für die Dauer eines Monats § 3 Baugesetzbuch

6. Prüfung der Bedenken und Anregungen (und Beschluss des Gemeinderats darüber) § 3 Baugesetzbuch

Mitteilung des Ergebnisses an die Einsender, bei mehr als 50 gleichartigen durch Einsicht in das Ergebnis nach ortsüblicher Bekanntgabe, § 3 Baugesetzbuch

Bei Änderung des Entwurfs, Wiederholung des Verfahrens, falls nicht vereinfachtes Verfahren nach § 13 Baugesetzbuch zulässig ist

7. **Beschluss des Bebauungsplans** als Satzung durch den **Gemeinderat** § 10 Baugesetzbuch

Beschluss über den Erlass einer Vorkaufsrechtsatzung § 25 Baugesetzbuch

8. Genehmigung durch die höhere Verwaltungsbehörde, soweit Genehmigungspflicht besteht, § 10 Baugesetzbuch

9. Ortsübliche Bekanntmachung der Genehmigung bzw. des Beschlusses des Bebauungsplans, § 10 Baugesetzbuch, § 4 Gemeindeordnung

Inkraftsetzen der Vorkaufsrechtsatzung § 25 Baugesetzbuch

Heilung von Formmängeln und von Mängeln der Abwägung binnen eines Jahres, §§ 214, 215 Baugesetzbuch

8.2 Vergabe von Bauleistungen

Zur Sicherstellung der Wirtschaftlichkeit bei der Durchführung von Baumaßnahmen sind die Gemeinden bei der Vergabe von Bauleistungen zur Anwendung der Verdingungsordnung für Bauleistungen (VOB) verpflichtet.

In einem formalisierten Verfahren sind die Bauleistungen auszuschreiben.

Die VOB kennt als Arten der Vergabe

– die **öffentliche Ausschreibung,** bei der nach öffentlicher Aufforderung eine unbeschränkte Zahl von Bietern Angebote einreichen kann,

– die **beschränkte Ausschreibung,** bei der eine beschränkte Zahl von Unternehmern zur Einreichung von Angeboten aufgefordert wird sowie

– die **freihändige Vergabe,** bei der ohne förmliches Ausschreibungsverfahren vergeben wird.

Grundsätzlich ist **öffentlich auszuschreiben,** sofern nicht die Natur der Maßnahme oder besondere Umstände, z.B. technisch schwierige Anforderungen, eine beschränkte Ausschreibung oder eine freihändige Vergabe rechtfertigen.

Eine **beschränkte Ausschreibung** ist zulässig, wenn

– die Leistung nach ihrer Eigenart nur von einem beschränkten Unternehmerkreis ausgeführt werden kann,

– die öffentliche Ausschreibung einen unwirtschaftlichen Aufwand erfordert,

– die öffentliche Ausschreibung durchgeführt worden ist, aber kein annehmbares Ergebnis erbracht hat oder

– die öffentliche Ausschreibung unzweckmäßig ist, z.B. wegen besonderer Dringlichkeit.

Eine **freihändige Vergabe** ist zulässig, wenn

– nur ein Unternehmer in Betracht kommt,

- die Leistung nicht genau beschrieben werden kann (Selbst-kostenerstattungsvertrag),
- kleinere Leistungen zu vergeben sind, die mit einer größeren, bereits vergebenen Leistung zusammenhängen,
- die Leistung besonders dringlich ist oder
- eine andere Ausschreibung kein Ergebnis verspricht.

Liegt der Aufwand der öffentlichen Ausschreibung in einem Missverhältnis zur Höhe der ausgeschriebenen Leistung, darf die Gemeinde immer auf die beschränkte Ausschreibung oder die freihändige Vergabe zurückgreifen. Zur Klarstellung sollten **örtliche Wertgrenzen** festgesetzt werden. Das Innenministerium empfiehlt hierfür folgende Wertgrenzen:

- Im Fall der freihändigen Vergabe bei Ausschreibungen 20 000 € netto.

- Im Fall der beschränkten Ausschreibung bei Ausbaugewerken 40 000 € netto, bei Rohbau und Verkehrswegebau 75 000 € netto, sofern ein überregionaler Teilnahmewettbewerb vorgeschaltet wird 100 000 € netto.

Als Folge des Konjunkturpaktes II sollen die Grenzen befristet für zwei Jahre auf 100 000 € (freihändige Vergabe) und 1 Mio. € (beschränkte Vergabe) angehoben werden.

Umfangreiche Leistungen können in Teillose aufgeteilt und diese gesondert vergeben werden. Unterschiedliche Leistungen können in verschiedene Fachlose aufgeteilt und diese gesondert vergeben werden.

Überschreitet der Gesamtauftragswert für eine Baumaßnahme bestimmte Schwellenwerte (Regelwert ca. 5,2 Mio. Euro), ist eine europaweite Ausschreibung durchzuführen.

Der Zuschlag ist nach Prüfung und Würdigung der erforderlichen Fachkunde, der Leistungsfähigkeit, der Zuverlässigkeit der Bieter sowie der Frage, ob sie über ausreichende technische und wirtschaftliche Mittel verfügen, unter Berücksichtigung aller Gesichtspunkte dem wirtschaftlichsten Angebot zu erteilen. Ortsansässige Bieter dürfen nicht bevorzugt werden.

9. Zwischengemeindliche Zusammenarbeit

Grundsätzlich haben die Gemeinden ihre Aufgaben allein zu erfüllen. Viele Aufgaben lassen sich jedoch lokal nicht mehr erledigen, sie bedingen eine kommunale Zusammenarbeit. Eine sinnvolle und zweckmäßige Aufgabenerfüllung hängt mehr denn je von wirtschaftlichen Lösungen, dem Einsatz von Fachpersonal und besonderen technischen Einrichtungen ab. Hinzu kommt, dass bei manchen Aufgaben Lösungen gefunden werden müssen, die über die Gemeindegrenzen hinausreichen.

Die Zusammenarbeit zwischen den Gemeinden kann sich von der gegenseitigen Unterrichtung und Abstimmung über die gemeinsame Planung bis zur gemeinsamen Durchführung von Vorhaben und dem gemeinsamen Betrieb von Einrichtungen erstrecken. Dafür gibt es zahlreiche Formen mit unterschiedlicher Gestaltung und Wirkung.

9.1 Zweckverbände

Das Gesetz sieht als Regelform der zwischengemeindlichen Zusammenarbeit den Zweckverband vor. Zweckverbände können für alle Aufgaben der Gemeinde gebildet werden (freiwillige Aufgaben, Pflichtaufgaben). Ihnen können jedoch nur konkret bestimmte Aufgaben übertragen werden. Zweckverbände sind eigene Körperschaften mit Rechtspersönlichkeit. Die ihnen übertragenen Aufgaben gehen auf die Zweckverbände über und sind nicht mehr von den Gemeinden wahrzunehmen.

Zur Bildung eines Zweckverbands ist von den beteiligten Gemeinden eine Verbandssatzung zu beschließen. In dieser ist die Verfassung und die Verwaltung des Verbandes, seine Aufgaben und seine Mitglieder zu bestimmen. Der Zweckverband entsteht mit der Genehmigung der Verbandssatzung durch die Rechtsaufsichtsbehörde. Die Verbandssatzung ist öffentlich bekannt zu machen. Mitglieder eines Zweckverbands können außer Gemeinden auch Landkreise und andere öffentlich-rechtliche Körperschaften sowie Privatpersonen sein. Wenn ein dringendes öffentliches Bedürfnis vorliegt, kann die Rechtsaufsichtsbehörde bei Pflichtaufgaben auch gegen den Willen der beteiligten Gemeinden einen Pflichtzweckverband bilden oder solche Aufgaben auf bestehende Zweckverbände übertragen.

Organe des Zweckverbands sind die Verbandsversammlung und der Verbandsvorsitzende sowie – wenn dies in der Verbandssatzung vorgesehen ist – der Verwaltungsrat. Die Verbandsversammlung ist das Hauptorgan des Zweckverbands, sie besteht aus mindestens einem – wenn die Verbandssatzung es vorsieht auch aus mehreren – Vertreter eines jeden Verbandsmitglieds. Vertreter einer Gemeinde ist der Bürgermeister als deren gesetzlichen Vertreter. Die weiteren Vertreter der Gemeinde werden durch den Gemeinderat gewählt, und zwar nach demselben Verfahren wie die Mitglieder beschließender Ausschüsse. Das Stimmrecht in der Verbandsversammlung ist einheitlich auszuüben, es handelt sich um ein gebundenes Mandat. Die Vertreter der Gemeinde unterliegen den Weisungen des Gemeinderats.

Bei Zweckverbänden, die wirtschaftliche Aufgaben durchführen, kann das Eigenbetriebsrecht angewendet werden. Zur Deckung des Finanzbedarfs erhebt der Zweckverband von seinen Mitgliedern eine Umlage, soweit seine sonstigen Einnahmen nicht ausreichen. Der Maßstab für die Umlage ist in der Verbandssatzung zu bestimmen.

Zweckverbände sind insbesondere auf dem Gebiet der Wasserversorgung und der Abwasserbeseitigung üblich.

9.2 Öffentlich-rechtliche Vereinbarung

Mehrere Gemeinden können hinsichtlich der Erfüllung ihrer Aufgaben vereinbaren, dass eine Gemeinde eine bestimmte Aufgabe für eine oder mehrere andere Gemeinden ausführt. Die abgebenden Gemeinden können sich in der Vereinbarung, die ebenfalls der Genehmigung durch die Rechtsaufsichtsbehörde bedarf, bestimmte Mitwirkungsrechte vorbehalten.

9.3 Verwaltungsgemeinschaften

Benachbarte Gemeinden desselben Landkreises können eine Verwaltungsgemeinschaft bilden. Diese ist in zwei Formen möglich

- als **Gemeindeverwaltungsverband**, der eigene Rechtspersönlichkeit hat, oder

- durch Vereinbarung **(vereinbarte Verwaltungsgemeinschaft)**, bei der eine Gemeinde die Aufgaben für eine andere oder mehrere andere wahrnimmt.

Die Abgrenzung des Bereichs einer Verwaltungsgemeinschaft soll nach der Zahl der beteiligten Gemeinden, den Einwohnerzahlen, der räumlichen Ausdehnung unter Berücksichtigung der örtlichen Verhältnisse und der landesplanerischen Gesichtspunkte so erfolgen, dass die Aufgaben zweckmäßig und wirtschaftlich erfüllt werden können. Die Vereinbarung und die Verbandssatzung sowie deren Änderungen bei Aufnahme oder Ausscheiden von Gemeinden bedürfen der Genehmigung durch die Rechtsaufsichtsbehörde. Eine Auflösung ist nur aus Gründen des öffentlichen Wohls durch Verordnung des Innenministeriums möglich, gegen den Willen einer beteiligten Gemeinde durch Gesetz. Auf die Verwaltungsgemeinschaft findet das für Zweckverbände geltende Recht entsprechende Anwendung, soweit nicht ausdrücklich etwas anderes bestimmt ist. Sie hat die Verbandsversammlung und den Verbandsvorsitzenden als Organe, soweit es in der Verbandssatzung bestimmt ist auch einen Verwaltungsrat. Die Verbandsversammlung besteht aus dem Bürgermeister und mindestens je einem weiteren Vertreter jeder Gemeinde, der vom Gemeinderat aus seiner Mitte zu wählen ist. Ist mehr als ein weiterer Vertreter zu entsenden, so sind diese und dieselbe Zahl von Verhinderungsstellvertretern wie die Mitglieder beschließender Ausschüsse zu wählen. Der Verband kann Bedienstete anstellen. Die Verwaltungsgemeinschaft berät ihre Mitglieder bei der Wahrnehmung ihrer Aufgaben. Bei Angelegenheiten, die andere Mitgliedsgemeinden berühren und eine gemeinsame Abstimmung erfordern, haben sich die Mitgliedsgemeinden der Beratung durch die Verwaltungsgemeinschaft zu bedienen. Die Verwaltungsgemeinschaft erledigt bestimmte Aufgaben für die Gemeinden verwaltungsmäßig (Erledigungsaufgaben) und erfüllt bestimmte Aufgaben anstelle der Gemeinden (Erfüllungsaufgaben).

Gesetzliche Mindestaufgaben sind

– als **Erledigungsaufgaben** für alle Gemeinden (die Sachentscheidung verbleibt bei den Gemeinden, die Verwaltungsgemeinschaft übernimmt lediglich die technische Ausführung)

   a) die technischen Angelegenheiten bei der verbindlichen Bauleitplanung (Bebauungsplanung) und der Durchführung von Bodenordnungsmaßnahmen sowie von Maßnahmen nach dem Städtebauförderungsgesetz,

   b) die Planung, Bauleitung und örtliche Bauaufsicht bei den Vorhaben des Hoch- und des Tiefbaus,

   c) die Unterhaltung und der Ausbau der Gewässer zweiter Ordnung,

   d) die Abgaben-, Kassen- und Rechnungsgeschäfte;

– als **Erfüllungsaufgaben** für alle Gemeinden (es findet ein Aufgabenübergang von der Gemeinde auf den Verband statt)

   a) die vorbereitende Bauleitplanung (Flächennutzungsplanung),

   b) die Aufgaben des Trägers der Straßenbaulast für die Gemeindeverbindungsstraßen.

Die Rechtsaufsichtsbehörde kann Ausnahmen von diesen Mindestaufgaben zulassen. Durch Verbandssatzung – bei vereinbarter Verwaltungsgemeinschaft in der Vereinbarung – können der Verwaltungsgemeinschaft weitere freiwillige Aufgaben oder Pflichtaufgaben der Gemeinden übertragen werden, soweit nicht gesetzliche Vorschriften entgegenstehen. In Betracht kommen insbesondere die Schulträgerschaft, weitere öffentliche Einrichtungen und die Aufgaben der Baurechtsbehörde. Auf dem Gebiet der Weisungsaufgaben sind den Verwaltungsgemeinschaften einzelgesetzlich weitere Aufgaben übertragen worden, z. B. nach dem Sammlungsgesetz und im Gewerberecht. Die Verwaltungsgemeinschaft kann auf Antrag untere Baurechtsbehörde und – wenn sie mindestens 20 000 Einwohner umfasst – untere Verwaltungsbehörde werden.

Bei der vereinbarten Verwaltungsgemeinschaft ist ein gemeinsamer Ausschuss der beteiligten Gemeinden zu bilden, der anstelle des Gemeinderats der erfüllenden Gemeinde über die Erfüllungsaufgaben entscheidet, soweit nicht der Bürgermeister der erfüllenden Gemeinde kraft Gesetzes zuständig ist oder ihm der gemeinsame Ausschuss bestimmte Angelegenheiten überträgt. Die anderen Gemeinden haben das Recht auf Einspruch gegen die Beschlüsse des gemeinsamen Ausschusses, der mit Zweidrittelmehrheit der Stimmen der vertretenen Gemeinden, mindestens der Mehrheit aller Stimmen, zurückgewiesen werden kann. Beschlüsse über die Flächennutzungsplanung bedürfen der Zustimmung des gemeinsamen Ausschusses mit der Mehrheit seiner Mitglieder.

9.4 Planungsverband

Nach § 204 Baugesetzbuch sollen für benachbarte Gemeinden gemeinsame Flächennutzungspläne aufgestellt werden, wenn ihre städtebauliche Entwicklung wesentlich durch gemeinsame Voraussetzungen und Bedürfnisse bestimmt wird oder wenn gemeinsame Flächennutzungspläne einen gerechten Ausgleich der verschiedenen Belange zwischen den Gemeinden ermöglichen, etwa durch Aufteilung von Wohnsiedlungen einerseits und Industrieansiedlungen andererseits. Darüber hinaus können sich Gemeinden und andere öffentliche Planungsträger zu einem Planungsverband zusammenschließen (§ 205 Baugesetzbuch). Dadurch soll durch gemeinsame, zusammengefasste Bauleitplanung (Flächennutzungsplanung, Bebauungsplanung) der Ausgleich der verschiedenen Belange erreicht werden. Die Aufgaben des Planungsverbands werden in dessen Satzung, die durch die Gemeinderäte der beteiligten Gemeinden zu beschließen ist, festgelegt. Der Planungsverband kann ganz oder teilweise die Aufgaben der Gemeinden in der Bauleitplanung und in der Durchführung dieser Pläne bei der Erschließung und Bebauung sowie die zur Durchführung eines Bebauungsplans erforderlichen bodenordnerischen Maßnahmen wie Umlegung und Grenzregelungen übernehmen. Wenn keine freiwillige Einigung der Gemeinden über die Bildung eines Planungsverbandes zustande kommt, dieser aber zum Wohle der Allgemeinheit, insbesondere aus Gründen der Raumordnung dringend geboten ist, können auf Antrag eines Planungsträgers die Gemeinden durch Entscheidung der Landesregierung pflichtweise zu einem solchen Verband zusammengeschlossen werden.

9.5 Nachbarschaftsverband

Zur Lösung der Stadt-Umland-Probleme wurden in den Verdichtungsräumen des Landes Nachbarschaftsverbände gebildet, deren Mitglieder die Gemeinden im Nachbarschaftsbereich (Kernstadt und Umlandgemeinden) sowie die zugehörigen Landkreise sind. Auf den Verband finden die für den Zweckverband geltenden Vorschriften entsprechende Anwendung, soweit das Nachbarschaftsverbandsgesetz nichts anderes bestimmt. Die Rechtsverhältnisse sind in einer Verbandssatzung zu vereinbaren, die der Genehmigung durch die Rechtsaufsichtsbehörde bedarf. Aufgabe des Nachbarschaftsverbandes ist

– die Förderung einer geordneten Entwicklung des Nachbarschaftsbereichs unter Beachtung der Ziele der Raumordnung und der Landesplanung sowie die Hinwirkung auf einen Ausgleich der Interessen der Mitglieder,

– die Trägerschaft für die vorbereitende Bauleitplanung (Flächennutzungsplanung) und

– die Beteiligung als Träger öffentlicher Belange an der verbindlichen Bauleitplanung (Bebauungsplanung) der Gemeinden.

Die Verbandsmitglieder sind verpflichtet, den Nachbarschafts-
verband über sonstige Planungen und Maßnahmen, die mehrere
zum Verbandsbereich gehörende Gemeinden berühren, zu unterrichten. Der Verband soll auf eine Abstimmung der Planungen
und Maßnahmen hinwirken. Dem Verband können durch Verbandssatzung weitere Aufgaben der Gemeinden übertragen
werden.

9.6 Verband Region Stuttgart

Für den Großraum Stuttgart wurde ein besonderer „Verband
Region Stuttgart" errichtet. Er nimmt in Baden-Württemberg
eine Sonderstellung ein und ist in seiner Struktur und seinem
Aufgabenumfang speziell auf die Belange dieser Region zuge-
schnitten. Neben der Trägerschaft der Regionalplanung hat dieser Verband zusätzliche Aufgaben übertragen bekommen, z. B.
für die Bereiche Siedlungsentwicklung, Wirtschaftsförderung,
Tourismus-Marketing, Abfallentsorgung und Regionalverkehrs-
planung. Organe des Verbands sind der Vorsitzende und die
Regionalversammlung, deren Mitglieder unmittelbar von den
Bürgern der Region gewählt werden.

Sachregister

Die Zahlen geben die Seiten an